不要让未来的你，讨厌现在的自己

林默◎著

责任编辑：潘笑竹
责任印制：李未圻
封面设计：颜　森

图书在版编目（CIP）数据

不要让未来的你，讨厌现在的自己 / 林默著. -- 北京：华龄出版社，2019.3
ISBN 978-7-5169-1377-2

Ⅰ. ①不… Ⅱ. ①林… Ⅲ. ①散文集 – 中国 – 当代 Ⅳ. ①I267

中国版本图书馆CIP数据核字（2019）第002834号

书　　名：不要让未来的你，讨厌现在的自己
作　　者：林默　著

出 版 人：胡福君
出版发行：华龄出版社
地　　址：北京市东城区安定门外大街甲57号　**邮编：**100011
电　　话：010-84044445　**传真：**010-84049572
网　　址：http://www.hualingpress.com

印　　刷：三河市东兴印刷有限公司
版　　次：2019年12月第1版　2019年12月第1次印刷
开　　本：880 × 1230　1/32　**印　　张：**7
字　　数：170千字
定　　价：36.00元

（如出现印装质量问题，调换联系电话：010-82865588）

前言

不负初心，不忘归途

我认识一个咖啡馆的老板娘。

老板娘早年在法国留学，自学了烘焙，回国后开了这家小店。

有熟客对她说：“你过着我理想中的生活。”

“如果你理想中的生活是开一家咖啡馆，当老板娘，那很容易实现。”她总是这样回答。

在旁人看来，“老板娘”的身份意味着睡到自然醒，不用为生计奔忙，她要关心的，无非是如海子说的那样，喂马、劈柴、周游世界，肆意地躺在自己的大房子里，面朝大海，春暖花开。

不知那些人看到老板娘去市场选购水果，订购进口小麦，去工商局更新营业执照，应对卫生督查，踏踏实实做着所有琐碎事情的时候，还会不会视她的生活为理想生活的范本。

人世间，其实哪有纯粹的浪漫与美好，唯有承受命运给予的琐碎、丑陋，才能收获诗意和幸福。

童话里说，妖精和人类定下了契约，无论什么时候，只要在它们面前撒一把盐，它们就要放下手中的事，把盐一粒粒数清楚。真是个蠢笨呆萌的妖精。

转过来想，做个像那个妖精一样蠢笨呆萌的人也不错。不管到什么年纪，都傻气地去做一切想做的事，去爱一切想爱的人。结局如何，哪有那么重要呢！

我们都是一样，不走完余生，就看不到结局，找不到答案，但至少每分每秒，我们都离诗意和美好又近了一点。

咖啡馆在一条胡同的深处，小小的手写招牌，隐蔽得很，像是生怕被人发现。窗外常有外国美女骑着老旧的国产自行车，叮叮当当驶过。

阳光正好，银杏金黄。

坐在那里，我会觉得时光沉淀了下来，无限温柔。

有天，朋友问坐在窗前的我："假如给五年前的自己发一条短信，你会说什么？"

我想了很久，结果只生出满怀感慨，想说的话太多，反而什么也说不出来。这五年，经历太多，变化太大，我从不谙世事的天真学生变成独自在陌生城市闯荡的人，伤过，痛过，迷茫过，挣扎过，如今陌生的城市不再陌生，我仍然在为生活奔忙，为理想拼命，却也开始坐在它的怀里享受时光和生活，所以我想，其实没什么要说的。

没有必要告诉当时的自己：你做了正确的选择。因为无论正确与否，无论时光倒流多少次，我大概还是会做出相同的选择。

顺着朋友的话题，我想起了那些独自去旅行的日子。

旅途中，我见过最美的落日、最璀璨的星空，遇见过辞职徒步千里的女孩，遇见过边唱歌边行走的男人，遇见过七十岁还一起旅行的恩爱夫妇；也曾在冷雨中冻得发抖，在黑夜里迷过路，遇见过偷钱包的坏人和态度恶劣的陌生人。

我并不计较好坏，反正到最后，所有的经历都会变作回忆，在生命里镌刻下来，想起来的时候，心动如初恋。

不负初心，不忘归途，便好。

目录

PART 1

以梦为马，不负韶华

PART 2

往事不回首，余生不将就

PART 3

活着，就要热气腾腾

PART 4

努力去爱，又孤单又美好

PART 5
从你的全世界走过

PART 6
生命到最后总能成诗

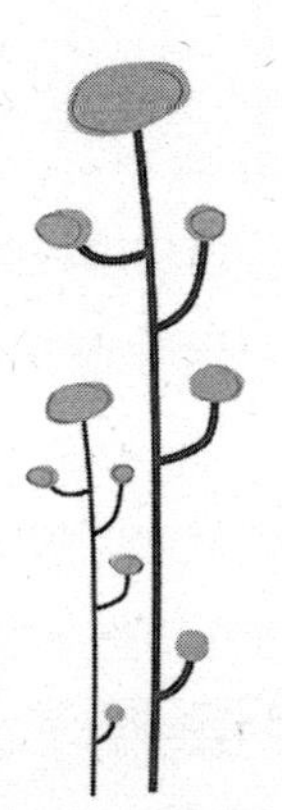

PART 1

以梦为马，不负韶华

那些年，青春走过弯路

作为著名奢侈品牌公司策划总监，塞琳娜总是习惯穿着普拉达出入各种时尚典礼或晚宴，像极了《穿普拉达的女王》中梅丽尔·斯特里普扮演的时尚女魔头，气场强大，直觉敏锐，强势到没边。

但刚进公司时，她可不是这样。当时她还只是个小小的助理，任人使唤，也任人责骂。那个时候的她，年轻单纯得很，乱七八糟的心思一概没有，虽然是职场菜鸟，却有满血的战斗力，挨了骂去洗手间哭上一会儿，出来又是笑容满面。

和她同期招进来的小姑娘黛西，也是助理，却比她聪明得多，工作完成得好，又会讨人喜欢，和她的境遇简直千差万别。

都说职场无挚友，她却偏偏和自己的竞争对手黛西最投缘、最要好。

投缘这种事，其实很难说的清楚。塞琳娜自己有个姐姐，这么多年相处下来，两个人仍然一见面就吵。可是和黛西，那种感觉怎么说呢，就像歌里唱的，一个像夏天一个像秋天，却总能把冬天变成了春天。

生病躺在床上起不来时，黛西请假照顾她。她胃不好，不能吃西药，黛西就给她做蔬菜粥，加进去许多她不爱吃的胡萝卜粒，逼她吃下去，说补充维生素，病好得快。

她被男友甩那会儿，心情灰暗，黛西天天拖着她到处跑，找好吃的餐厅，跟她说酒吧里有新的乐队驻唱，她们常去的咖啡馆换了菜单，美术馆又有新的展览，电影院最近排了新片……

她茫茫然跟着，知道黛西用心良苦，却也真的开心不起来。直到有一天在电影院遇见前男友和他的新女友。

她又气又恨，他居然这么快就交了新女友。

黛西二话没说，拎着包上前照准她的前男友狠狠一抡，然后转身拉着她就跑。

跑着跑着，她忽然笑了，笑得惊天动地，半天喘不过气来，终于，蹲在街角抱着黛西痛哭了一场，从此宣告走出情伤。

没有黛西，她大概还会像个傻瓜一样，指望着他回心转意。

她和黛西那时多好啊，就像新婚夫妇一样，正处在关系最好的蜜月期。

假如没有发生后来那些事，不管多大年纪，她们大概还会手牵手一起去逛时尚品牌店；会坐在咖啡店里，用好多杯咖啡的时间大谈特谈自己的梦想；会去商场购物，指手画脚地帮对方买衣服；会嘻嘻哈哈闹着走很远的路，去寻觅一家甜品店的奶酪起司……

这都是只有和黛西一起才会做的事。

她原本以为，她们会一直在一起，直到自己孩子叫黛西干妈，直到两个人老得脸上都有了皱纹，直到死亡将她们分开。

可惜，一切都是假如。

那年春天，公司新出的一款春夏时尚单品需要策划一个别开生面的发布会。总监的意思是，不要做成普通的发布会形式，要新颖的点子，鼓励下面的人大胆提。

她和黛西都提交了各自的策划案。

她并没有抱什么希望，开会的时候，照例干着助理的分内事，谁知总监忽然点了她的名字。

“塞琳娜，给大家讲一讲你做的案子。”

她手忙脚乱地站起来，什么准备也没有，站在投影仪前语无伦次，好半天才总算把她的创意讲了个大概。

会议室里一片惊叹声。

新鲜，生动，出彩，有灵气儿，这是总监对这个案子的评价。

“我会去跟人事部申请，让你正式调到策划部。”

总监一副捡到宝贝的欣喜表情，完全没想到这个平日连助理的活都干不好的姑娘居然有这样鲜活有趣的策划才能。

塞琳娜自己也没想到。

策划部的工作一点也不轻松，需要学习的东西实在太多，塞琳娜每天忙得不可开交，加班到深夜更是常事，哪里还有和黛西一起去吃饭逛街看电影的时间。黛西经常在线上问她下班后的安排，她忙得连回答的时间都没有。

那些天，她知道黛西每天都是一个人寂寞地下班回家，有一次她在加班之前去楼下的7-11买功能饮料，还在电梯间遇到过黛西，得知她又要加班，黛西温柔地说了一句：“要注意身体。”

周末她也没空，周六她去公司资料室啃相关资料，周日她还得忙着去看各种活动积累经验。黛西有时打电话过来，要么是她这边很吵没听到，要么就是忙的时候，被她掐掉。

等到她终于忙完她策划生涯中的第一个案子，去找黛西，打算请她大吃一顿时，才得知她已经交了男朋友，被男朋友接走去看电影了。从那以后，吃大餐，泡吧，看电影，过去她们常常相约一起去做的事，忽然变得艰难起来。逐渐地，塞琳娜终于发现黛西在不着痕迹地躲她。

再蠢笨的脑子都能想明白。在黛西眼里，昔日的密友如今堂堂正正地站在公司高层面前讲解策划案，而自己仍是一名助理，只能站在她身后端茶倒水做会议记录，这样难堪的对比，谁能心平气和地接受？

没办法，她只好等黛西习惯或者等黛西升职再说了。

那时，塞琳娜还相信着，一切只是暂时的，一切都会变好的。

谁知没等到黛西升职，却等来了她被开除的消息。

总监说黛西偷偷拷贝策划案和内部资料，卖给竞争对手公司。塞琳娜当然不信，直接跑去质问。黛西一边收拾东西，一边漠然地说："是我做的。"

理由说起来简直有些可笑。黛西的男友是竞争对手公司的人，她把资料和案子拷贝给他，居然是为了挽回他。

这个当初会为了她暴打负心男的女孩，如今居然为了挽回男友做出这样的事，自毁前程。

"你怎么这么傻……"

黛西激动起来："你现在跑来质问我，我失恋的时候、生病的时候、痛苦的时候，你都在哪里？"

塞琳娜愣在那里，失恋？生病？她完全不知道。

"给你发信息你不回，打电话你也不接，我知道你忙，可是你也不至于忙到这种地步吧？"

"我以为你讨厌我……"

"我为什么讨厌你？难道你以为你升职我就会嫉妒你？我是那么小气的人吗？"

"……"

生病的时候有多脆弱，失恋的时候有多难过，塞琳娜都亲历过。一想到黛西都是一个人扛过来，而自己一无所知，一想到黛西根本就没有讨厌她，而她把黛西想得那样不堪，她就恨不得扇自己几个耳光。

但黛西也并不知道，在这所顶尖品牌公司的策划部站稳脚跟，有多么不容易——塞琳娜付出多少心血，熬过多少次夜，挨过多少次骂，改过多少次方案，才得到一点点承认；为了争取到巴黎总部进修的机会，她最近压力大得头发一把一把地掉，整晚整晚睡不着觉。

这些黛西哪里又知道？

从什么时候开始，她们变得不再为对方着想，而只是自私任性地互相责怪呢？

从什么时候开始，她们不再是夏天和秋天，而过往所有的四季都成了回不去的沧海？

有过这样恶性的开除事件，黛西当然再也无法在行业立足。失去了利用价值，男友也彻底甩了她。

可以说黛西走到了人生最低的低谷。

很担心她，很想在她身边陪伴，可是塞琳娜知道自己不能留下来，去巴黎进修的机会太宝贵了。何况，再好的朋友，也不能分担彼此的人生。

飞机起飞的刹那，塞琳娜知道，她们从此将失散于人海。

重逢是在多年后，一个轻时尚子品牌的发布会上，塞琳娜作为策划总监出席，黛西则是坐在台下取经的刚出名的设计师。

台上台下，遥遥对望。

两人居然穿着相同款式的普拉达，那是多年前她们在咖啡馆谈论的天真梦想：以后，她们要穿着普拉达，像梅丽尔·斯特里普扮演的女魔头一样，在时尚界横扫千军，叱咤风云。

塞琳娜红了眼眶："我是有过无数个不眠之夜，才有今天，那么你呢？你是走过多少弯路，蜕过多少层皮，才能坐在这里安然微笑？黛西，庆幸的是，我们终于殊途同归。"

喜欢浪漫，又有什么不好

我看到过一场晒在社交网络上的别致求婚。

日本一位徒步爱好者在自己的主页上晒出一张求婚照：一份完整的日本全岛地图上，歪歪扭扭画着7个字母——"Marry Me"（嫁给我）。

这可不是拿绘图工具画上去的，而是他花了7个月时间，徒步数千公里，开着手机导航，在地图上用自己的足迹一步一步画出来的路线图。

很难去想象其中的用心和辛苦：从国土的最北端到最南端，不知道他翻越了多少座山，蹚过多少条河，才刚刚好拼凑出这个形状。

看着狭长岛上那7个歪歪扭扭的英文字母，我只觉得这样的求婚方式太别致，太浪漫，让人想不动容都难。

有人吐槽他无聊，浪费时间和金钱。有这时间，怎么不好好工作提升自己呢？有钱花在徒步上，怎么不实际点，为女友办一场更豪华的婚礼，给她更好的生活呢？

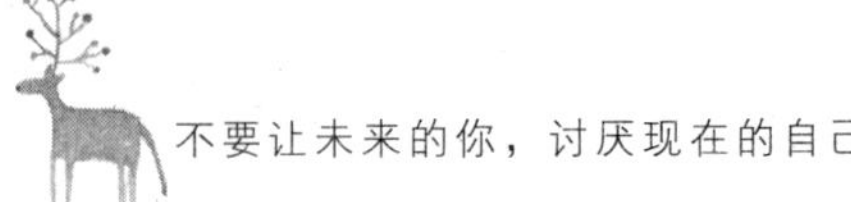

但我若是他的女友，就宁愿他为我去做这样一件浪费时间金钱却浪漫到无敌的事。我问了身边几位女性朋友，也是一样的想法。

没错，女人嘛，总是偏爱不切实际的浪漫。

男闺密常对我抱怨他的女友，抱怨告一段落后，就开始顺带批判所有女人，“你们女人就是事多，要么嫌男人长得丑，没钱，事业不成功，要么好不容易找到一个不丑、不缺钱，也不算失败的男人，又嫌他不够浪漫。浪漫能当饭吃啊？”

每每都是我无言以对。

无法反驳，因为把浪漫当饭吃，的确是女人特有的矫情啊，天底下恐怕找不出一个不爱浪漫的女人。

前段时间很火的一条帖子，是一个男人对前女友的控诉。

事情的起因是他现任女友问的一个问题：为什么不陪她一起看韩剧？哪怕只看一集，看一分钟也好啊。

于是他讲了他前女友的故事。

他前女友也很喜欢看韩剧，会对着韩剧里的长腿欧巴傻笑，会抱着纸巾盒哭花整张脸。他那时爱她宠她，即使会看到睡着，他也会经常陪着她一起看。

一天早上，他送女友去上班，刚出地铁就下雨了，他赶紧牵着女友的手跑到一家超市避雨。谁知那天各自上班后，女友忽然发来信息说要分手，理由是他不够浪漫。

她发来一张男主举着衣服为女主挡雨的照片，郑重其事地说：“下雨的日子里，想和你同撑一把伞；没带伞的时候，也希望你能脱下外套为我挡雨，这样我都可以笑着等待天晴和彩虹，而你从来只会拉着我的手往前冲。或许你不懂，女生心死只在那一瞬间。”

这个理由让男人彻底生气：“怎么就心死了啊？拖着你跑是为了不让你淋到雨啊，何况我当时只穿一件短袖，难道我要把短袖脱下来光着身子为你挡雨？”

男人最后对现任女友说：“为什么不想一起看韩剧？因为我想跟你一起在现实里活得真实一点。”

可是女人很难活得真实。

一个长腿男友温柔细心的举动，一颗硕大的求婚钻戒，一场在马尔代夫举办的豪华沙滩婚礼，老公送的迷你汽车生日礼物，晒在社交网站上，大家都评价，好浪漫啊。

哪个女人戒得掉这样的浪漫？

女人看中的当然是浪漫里满满的虚荣心，一张“Marry Me”的地图贴出来，万人点赞，羡慕眼红；被求婚的人感动归感动，未必不会虚荣心爆棚，内心暗爽，得意忘形。

但也并非所有女人都会在虚荣、矫情里迷失，假如所谓的浪漫只是吸引眼球的手段，只是虚有其表的表演，女人也不会买账。

网上有个视频，男孩找来一支外国乐队，在音乐声里单膝跪地举着鲜花和戒指向女孩求爱，场面浪漫十足，围观起哄者众多。偏偏女孩并不喜欢男孩，在这种下不了台的尴尬气氛里，她女汉子本色尽显，一把抢过乐手的小提琴，往男孩身上一抡，干脆利落地结束了这场闹剧。

底下的评论里，居然有无数女人拍手叫好。

有些人的浪漫是一捧玫瑰花、一张文艺爱情电影票、一顿烛光晚餐，从恋爱教科书中学来的招数，以为对每个女孩子都适用；还有些人的浪漫是精心策划的一次当众表白，自以为让千万人见证了

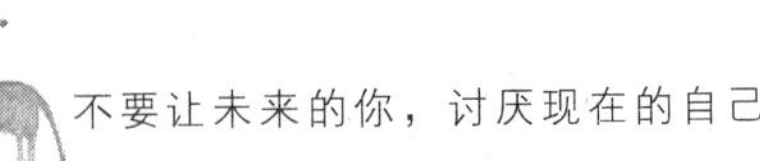

他的深爱，十足浪漫，实际只是一种变相的以爱为名的要挟，让不喜欢他的女孩子下不了台。

这样的浪漫，女人当然可以不买账。

一直觉得自己是个不解风情、不知浪漫为何物的女孩，有男生送我玫瑰花，朋友大赞浪漫，我却心疼玫瑰花被剪断的茎干；看到宿舍楼下有男生摆着心形的蜡烛，向楼上的女孩子表白，我只会懵懂地问一句："为什么摆蜡烛就浪漫了，就让人感动了？"

直到有一天我看到三毛说，她和荷西结婚，荷西去沙漠里拖回了一个骆驼头骨送给三毛当结婚礼物，才知道并非我不懂浪漫，而是我没有遇到真正的浪漫。

荷西不辞辛劳拖回骆驼头骨送给三毛的举动，哪个女人不心动，不觉得是极致的浪漫？比起一场马尔代夫的沙滩婚礼，不知浪漫多少倍。

金钱、虚荣当然好，但女人想要的浪漫，其实也只是一个爱她、比谁都要懂得她，包容甚至纵容她的男人。

我和我的女友之所以认同那位日本男孩的浪漫，也不过是因为我们相信一个不惧困苦独自花费7个月时间完成这样一项壮举的男人，无论行动力还是内心，都已足够强大到支撑起他的人生、他的爱情，以及他心爱的女人。

看吧，女人，看似喜欢浪漫，其实实际得很。

每一个女人都是公主。

没有公主命，也有一颗公主心，任何时候，都想要活得骄傲美丽。

所以，为什么不可以喜欢浪漫？

哪怕有一点点虚荣，一点点矫情，又有什么不可以？

你喜欢浪漫，无非是希望在冷冰冰、硬邦邦的现实之外，他能给予你另一片足以存放所有梦想的温暖柔软天地。

没有女人生来就是为了在柴米油盐里计较，在烟火气里来往的。但只要有一片温暖柔软的天地在，你也会为他在万丈繁华里转身，为他收起你所有的任性和骄傲，从此在他身畔做一个温婉如水的妻。

只要有这片天地在，哪怕他木讷到死呢，你也会觉得心满意足。

好友在朋友圈晒她的求婚戒指。

是那种最简单的铂金戒，无装饰，是她相恋多年的恋人所赠，她将戒指和她最爱的一本书放在一起，拍下照片。

白色的书页做背景，将戒指衬得几乎隐形。

我开玩笑："别人晒婚戒，都是高清超大特写，生怕朋友看不清楚，不能咬牙切齿赞叹羡慕一番；只有你，晒个隐形的戒指，好特别。"

她轻笑："都在一起这么多年了，虚荣心早淡了。"

我按捺不住八卦之心，问她是怎么被求婚的，浪不浪漫。

她说："浪漫什么，就是一起在家看电影，吃水果时，他忽然说，我们结婚吧，然后立刻出门去买的戒指。"

果然如她所言，浪漫个鬼。

但我想，要是哪天心爱之人对我说出"我们结婚吧"这五字，我大概也会说一句"浪漫什么"，心里却甜美如蜜。

一枚简单的圆圈，圈住相爱一生的承诺，也是最好的浪漫。

豁达的海，长满期待

深秋的一天，我和海米在咖啡馆闲坐，店内放着慵懒的蓝调，是那位爱弹吉他的老板一贯的风格。

海米刚刚从维也纳巡演回来，此时正四仰八叉倒在沙发上，放松着浑身筋骨。

“我在那边遇见妮妮了。”她忽然说。

“妮妮？”

我脑子里还在思考着妮妮是谁，海米已是一脸怀念的表情。

“嗯，她定居在罗马，经常在欧洲的一些剧场演出。”海米声音低下去，“遇见她时，她说自己刚刚离婚，看起来过得并不好。”

啊，我想起来了。

海米那时是舞蹈系的艺术生，系花级的人物。

学舞蹈的习惯让她走路时永远轻轻踮着脚，如仙子凌波微步，轻盈美好。她喜欢把头发盘起来，微微昂起头，脖子白皙修长，腰背曲线极优美。即使只是穿一件最简单的白色T恤走过校园，她也像一只优雅的白天鹅，迷人得不得了。

直到另一所学校的交换生妮妮出现。

至今回想起来，我仍然觉得那是我所见过的最惨烈的一场比较。

可怜的海米，在一个长得更漂亮、皮肤更白皙、身材曲线更优美、笑容更明媚、待人更亲切，连舞都跳得比她更好的女孩子面前，相形见绌，一败涂地。

人最怕的，其实不是天差地别，而是“只差一点点”。

你不会恨自己不如好莱坞女星那样名利双收，豪车别墅，天生好基因，找的男友老公永远是高富帅，生下的孩子无论是正太还是萝莉都萌到爆，却会嫉妒闺密的男友比你的男友好那么一点点，和你一起毕业的同窗薪水比你高那么一点点。

一点点的距离，才让人绝望。

后来，海米不止一次地想过，如果没有妮妮在，该有多好。

那样的话，她就仍是系花，仍然可以骄傲地从所有人迷恋的眼神里走过，而不必在这种不堪的比较下，眼看着自己所有的自信都裂成碎片，还要被人踩上几脚。

系花的头衔落到了妮妮身上，围在她身边的朋友，转移到了妮妮身边，原来暗恋她的男生，目光开始投向妮妮，就连竞争舞蹈比赛的参赛名额，她都比不过妮妮。

那段时间，每一天醒来，她的脑子里都想着再也不要去舞蹈教室了，每一秒，她都觉得自己快要撑不下去了。

她不敢承认，她其实已经嫉妒得快要抓狂了。

有人说，嫉妒心人人都有，就连在最好的朋友之间都不能幸免。

这话说得一点都没错。

你工作不顺，恋爱不顺，处处不顺，陷在生活的低谷中，而身边的朋友却都过得顺风顺水，在朋友圈里各种晒美食、晒旅行、晒恩爱、晒高薪，每个人看起来都比你过得好，你能忍住不去嫉妒？好吧，说好听点，是羡慕。

羡慕也好，嫉妒也罢，都有高下之分。

化嫉妒为动力和化嫉妒为恶意，两者相差何止万里之遥。

而当年海米心底熊熊燃烧的嫉妒，到底还是走向了最坏的结局。

那年，为了参加一场大型跨年晚会，系里决定排演一出现代舞。舞蹈老师说，最好是独舞，独舞比较有看头。

“由妮妮来跳。”老师干脆利落地确定了人选。

海米低着头冷笑，连选择的机会都不给？

“老师，您看这样行不行？我们所有人先各自练习一小段，然后在您面前表演，由您来选出最佳人选。”

海米惊讶地看向说话的人，居然是妮妮。

“可是……”舞蹈老师有点犹豫。

“每个人都有她擅长的部分，也许其他人比我更适合这场独舞呢？”妮妮循循善诱。

那种复杂的滋味很难说清楚，就像在敌人的施舍下，她有了一条生路，满心的不爽，但也忍不住庆幸：总算还是有了生路。

那天以后，海米开始夜以继日地拼命练习。

“一定要拿下这个角色。”这几乎是她证明自己的唯一希望。至少她以为是。

可惜舞蹈老师最终指定的人选，仍是妮妮。盲人都能看得出来啊，明明她比妮妮跳得更好。每一次旋转，每一个转身，每一个细微到指尖的动作，明明都是她的动作更到位，感情更饱满，眼神更深邃。

难道就因为妮妮比她高了0.2厘米，比她轻了0.5公斤，比她漂亮了1%，她就永远翻不了身吗？

拼尽全力之后的不公平落选，对一个十八岁的少女来说，无异于世界末日。

伤心、难堪和绝望，对妮妮的强烈嫉恨，终于让她做了傻事。

晚会那天，她偷偷买了安眠药，融在一大杯冰糖雪梨水中，妥妥地用保温壶装着。在后台，她主动找妮妮搭话。

妮妮露出一脸欣喜的表情："以前和你说话你都不理我，我还以为你讨厌我呢。"

"当然讨厌你。"海米在心里说，脸上却笑着，说些言不由衷的话，夸赞，祝福，哄着她把那杯暖暖的糖水喝下去。

最后，妮妮晕倒在舞台上，被救护车送到医院，演出中断。

安眠药剂量有点多，整整一周之后，妮妮才再次出现在学校。

没有人知道是怎么回事。辅导员只是敷衍地解释了几句"压力过大""疲劳过度"之类的话，就不再提及。

只对视一眼，海米就知道，完了。妮妮心知肚明。

这些事我都是后来才得知。

海米跟我一点点坦然讲述时，她脸上的表情逐渐从沉重阴郁变成如释重负。而我，却恨不得回到晚会当天拉住她，最好能一个耳光打醒她，叫她别做傻事。我却又忍不住心疼她，想要抱抱她，告诉她生活真的没有她想象中那么绝望。

真是傻死了，毁掉一个比你更好的人，并不能让你变成更好的人啊，你明明这么漂亮，明明是这么好的一个人……

我抱着海米哭。而她只是不停地重复着，"我知道，我知道……"

再见到妮妮，是海米跟着剧团出国巡演之时。

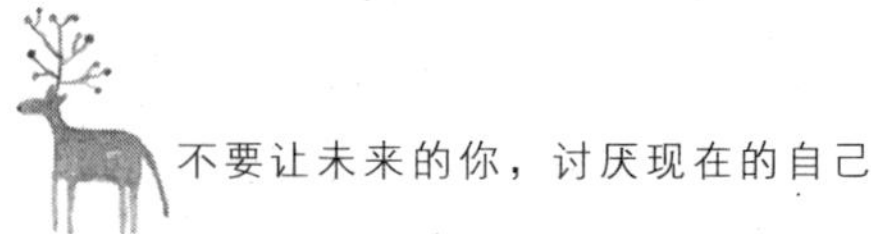

忙乱的后台，各种肤色和面孔汇聚在那里。朋友换好舞服，一眼就认出了坐在角落里的妮妮。这么多年过去了，她没多大变化，只是看上去有一点疲惫。海米那时在巡演中担纲一场独舞，服装是特别设计过的汉服，复古流苏挂满全身。她就穿着这身衣服，紧张地走过去和妮妮打招呼。

她一直没有向妮妮道过歉。

妮妮出院回学校之后，事情的真相立刻传开了。从那以后，所有人都用厌恶的眼光看海米，再也没有人愿意接近她。

受不了那样巨大的压力，海米办了休学手续，整整一年，她把自己关在家里，听说妮妮又参加了什么比赛，拿了什么奖，又去了哪里演出，连恨都没力气了，只是一遍又一遍骂自己蠢。

再次入学时，妮妮已经离开。海米放弃了交朋友的打算，一心一意学习，好不容易熬到毕业，她因为底子不错，也很努力，考进了国内有名的舞蹈剧团，只是在这时，她听说妮妮已经准备出国留学了。

比不上的人，终究比不上。

海米几乎觉得心灰意懒，既然比不上，那就再也不比了吧。

此后在剧团里从伴舞到领舞，参加世界性的巡演，一路走过来，辛苦当然有过太多，她却觉得所有的辛苦加起来，都不及当年辛苦。

处处活在妮妮阴影下的青春年岁，觉得自己无路可走的绝望，以及融化在那杯冰糖雪梨水中的恶毒，几乎是她人生最大的噩梦。

妮妮听到招呼，睁开眼，看到海米满身缀着的流苏，忽然笑了：“这服装太有创意了。”

毫无芥蒂的模样。

坐下来说些闲话，谁都不提当年。

“没想到你会主动来和我说话，我一直以为你讨厌我。”妮妮忽然说。

多年的时光轰隆隆在心上碾过，海米忽然鼻子一酸，很想哭。

迟来的“对不起”，终于说出口。

妮妮看着她，许久才说：“你可能不知道，那个时候我也很嫉妒你。”

朋友愣住，怎么可能？

“是真的，你当时是系花，那么受欢迎，人又长得甜美可爱，跳舞跳得那么好；而我呢，刚刚转学过来，人生地不熟，谁都不认识，心里其实很不安，所以那段时间我为了超过你，真的很努力很努力。可能你觉得自己不如我，很嫉妒我，心里很不爽，但站在我的立场上，我也不想比你差，我也会想要变得比你更受欢迎，更优秀啊。”

妮妮红了眼眶，伸出双手捂住脸。

“该说对不起的人，是我。”

真傻呀。都是傻孩子。

彼此交付的，都是生命里最懵懂无知、又最残酷的青春年岁。

演出结束后，两个人在维也纳街头手挽手散步，夜空里星星闪烁。

妮妮说，她一直在跳自己喜欢的现代舞，前两年遇到一个很渣的搞艺术的男友，结了婚不到一年就被家暴，刚离了。

海米说，她也一直在跳自己喜欢的现代舞，这几年一直没遇到心仪的男人，总觉得自己一辈子都要单身了。

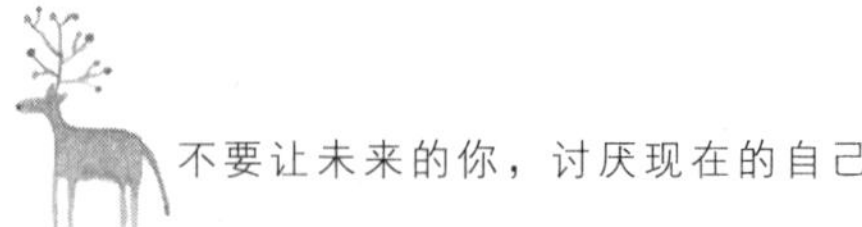

各自都到了这样的年纪，梦想终于变成现实，而生活的况味，却是一样的复杂难言。

两人终于相视一笑。

“青春不再来，少年你莫伤怀。时光他讲啊，当回忆沉淀下来，就会变成豁达的海，长满新的期待。”

隔着那么多年的时光，她们终于可以彼此原谅。

别只站在原地，远远暗恋

十几岁的年纪里，记忆最深刻的当然是懵懂青涩的爱情。

我那时暗恋足球队队长。那个白皙干净的少年和我同班，整个高一都坐在我身后的位置，会借我的笔记和作业抄，会露出灿烂的笑容对我说“谢谢”，会和我讨论新的足球队名，赢了比赛时，回到教室会向我比一个“Yeah”的手势。

暗恋的感觉，就像夏天里喝下冰甜的汽水，每一个气泡都写满快乐。

只是，不知有多少人在青春的年纪喜欢上一个人，却永远止步于暗恋，绝对不跨出那一步，要把心意藏得严严实实，要隔着一颗心那么远的距离，才足够安全。所以那时，我对他总是冷冰冰，他当然从来都不知道我喜欢他。

日后想起来，青春的暗恋，错过和遗憾，总是美好忧伤得如泣如诉。

对此，里里的评价只有两个字——“矫情”。

里里从来不暗恋。她要是喜欢谁，第一件事就是约出来告白。同意就在一起，不同意就拉倒。简单粗暴，干脆利落。

我多喜欢那时的她，明明是个柔柔弱弱的女孩子，却帅气得不得了。

我一直记得她说过的梦想："长大后我要满世界去游荡，在喜欢的地方逗留，靠打工养活自己，然后攒钱去下一个地方，钱花完了就继续打工，走遍整个地球。"

我当时被这个梦想惊艳到了。真是个闪闪发光的梦想啊。

上大学以后，里里就开始摩拳擦掌地筹划第一次远行。她说，趁着暑假的时间，可以先去附近的几个城市。

很快暑假到了，里里却一直窝在家里。问她去了哪里，她说："在家待着。"之后她又解释说："太热了啊，而且我已经中暑好几次了，要是在人生地不熟的地方倒下，那就糟了。"

"嗯。"我说，"身体不好自然要好好休息。"

没想到这只是开始。

此后，大学四年，四个暑假，四个寒假，四个十一长假，除了系里组织的实习，里里几乎哪里都没去。每一次，她都有言之凿凿的理由——学业太忙，身体不适，天气不好，时机不对，忙着实习，忙着毕业答辩，忙着找工作。

终于开始工作了，每年年假，里里也总是待在这个她熟悉入骨的城市里，从不曾迈出去一步。

那个走遍整个地球的闪闪发光的梦想呢？

太不现实了。里里说，她要忙着充电啊，万一丢了工作怎么办，最近爸妈还开始催婚，她还得忙着去相亲。

这个曾经在爱情里简单粗暴的姑娘，找起借口来也是相当的干脆利落。

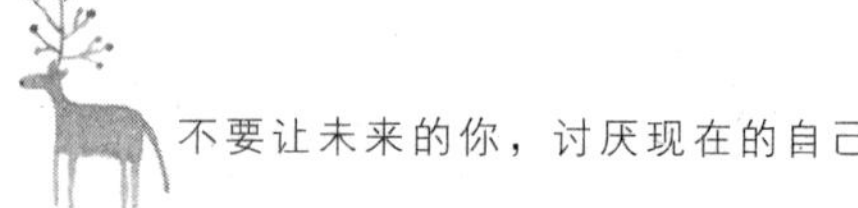

现在，我已经不再问她那个满世界游荡的梦想去了哪里。偶尔，她看新闻，看到谁花几万块钱环游了世界，谁骑行穿越了青藏高原，谁又辞了职去旅行，她也会发自内心地发出一声叹息：“真好啊。”然后她回望自己的生活，长长短短地叹息，“如果我也能这么做就好了。”

我当然不能讥讽她光说不做，也没办法指手画脚地给她提建议。这都没有意义。

就这样吧。

假如你真心想做一件事，哪怕有千万种阻碍，你也会去做；假如你不想做一件事，那也大可以给自己找千万个借口不去做。

就像我当年死死守住的暗恋一样。

怎么能告白呢？明明知道他喜欢的不是我这种类型的女孩。万一告白失败，连朋友都做不成怎么办？我只要在他身边看着他，就已经足够幸福了啊，真的足够幸福了……

在告白与不告白之间摇摆，我坐在那里，和我喜欢的人之间，山迢水远，永远都隔着一个“我”的遥远距离。

什么都没做，什么也没有发生，然后一切就都结束了。

我知道里里那个闪闪发光的梦想，实现起来并不简单，也并不现实，签证怎么办？在异国他乡遇到坏人怎么办？找不到打工的工作怎么办？身无分文怎么办？生病了怎么办？细细考虑，问题无穷无尽。

但这世上也总有那么一些人，把不简单、不现实的事情变成了简单的现实。

玛丽娜就是其中一个。

玛丽娜是我在一次徒步时认识的朋友。

当时，是深夜，一群睡不着觉的驴友坐在青旅的咖啡室闲聊。我和玛丽娜坐得近，彼此自我介绍后，她告诉我，从她第一次独自旅行到现在，已经二十多年了。我愣了："怎么可能？难道你还是小学生的时候就开始旅行了？"

她笑了，说她的第一次旅行是在高三的暑假。

玛丽娜那天穿一件亚麻衬衫、一条素色的长裙，半长的垂肩发随意散落下来，笑起来时眉眼弯弯，怎么看都是一个三十岁出头的女人。而且，怎么看都不像是一个四处旅行的女人。

她却说她已经四十一岁，已经游遍了世界。

岁月好像都没有在她身上留下痕迹。

仔细看，她眼角的细纹，眼底的波澜不惊的确会暴露她的真实年龄，但她说起话来，笑起来的时候，完全还是年轻人的模样，就像整个世界在她面前，是一个还未完全打开的糖果罐，不管经历多少，年纪多大，她始终带着年轻人似的跃跃欲试的欣喜和期待，注视着这个世界。

玛丽娜和里里一样，从高中开始就冒出了要走遍全世界的想法。

和里里的天真梦想不同，玛丽娜从那时开始就已经在考虑怎么去陌生的国家，在陌生的地方怎么生存，并且开始磨炼自己的身体和生存技能。

对于玛丽娜而言，以优异的成绩和漂亮的社会活动简历，拿到美国某所大学的全额奖学金，这只不过是开始。

在美国念书期间，玛丽娜靠自己打工的钱买了一辆二手车，和她当时的男友一起跑遍全美。毕业后她在美国签了工作，薪水不算太高，但她看中的是假期多，足够她四处去旅行。

如今，这个四十多岁的女人，几乎已经走遍了地球的每个角

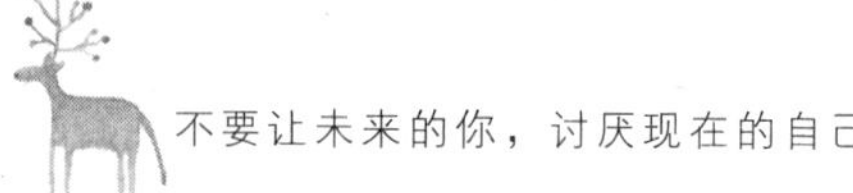

落，从北极到南极，从西非到东亚，从一座山到另一座山，从一条河到另一条河，从一座城市到另一座城市。

和里里聊天时，你会觉得梦想的阻碍怎么那么多，怎么可能成真呢。而听玛丽娜讲述自己的经历，你会觉得实现梦想是一件相当简单的事情。

这种奇妙的体验让我很困惑。

人与人之间的差别真的大到难以想象。

曾有一位网友在社交主页里贴出一组照片，展示的是她的两个同学一墙之隔下不同的生活。

墙左边的姑娘每天都看泡沫剧，看累了就叫外卖，手头上偶尔有点闲钱就去逛街买衣服，她抱怨考试很难过，身材不好没人追，去社交场合没话说。她苦笑指着对面一墙之隔的姑娘说：“我不像她，那么好命。”

可她不知道，墙右边的那个“好命”的姑娘，在她看泡沫剧的时候自学了法语、英语、西班牙语三门外语，好命姑娘在社交场合能侃侃而谈，是因为看过的书比她吃的快餐盒堆起来都要高，她攒钱每隔一段时间就去旅行。左边的姑娘抱怨生活无聊又没趣，好命姑娘却说，夏天的时候托斯卡纳的大波斯菊很美。

有时候，你看到梦想和现实总是隔着难以置信的遥远距离，好像穷尽一生也无法抵达。

但看起来那么遥远，也许仅仅因为你只是站在原地，远远地暗恋着它。

嘴上说着爱，却让那份爱永远雪藏。

其实，你和你喜欢的人、喜欢做的事之间，一直都是这样，它们之间，永远只隔着一个“你”的距离。

梦想，不苟且，不妥协

欧曼决定去云南徒步旅行时，正是她那缤纷的摄影梦变成一场黑色噩梦的时期。

冬日的阴郁午后，她约我去迪卡侬陪她买徒步装备。

偌大的运动超市里，她一个人兴奋地跑来跑去，跑累了，她举起一双登山鞋，隔着过道冲我喊：“喂，你说我会不会因为缺氧死在云南海拔4900米的山顶？”

我笃定地告诉她：“不会。”

时至今日，我依然记得欧曼拎着登山鞋站在那里，笑着问我“她会不会死掉”的情景。

她笑得那样明媚，但我知道，她的心情正灰暗如那年北京雾霾遍布的天空。

一个女孩子想当摄影师，从一开始她就知道，通往梦想的路有多辛苦。

成名辛苦，赚钱辛苦，体力上更是辛苦。做摄影助理时，连薪水都没有，她却常常需要亲自搬运那些沉重的摄影器材。夏天出外景，别说保养皮肤，不被晒伤就是万幸。她甚至还曾因长时间纹丝不动端着一个长焦镜头拍照而得了腱鞘炎。

这哪里是女孩子该过的日子呢，但欧曼着了魔似的爱着那个按动快门、定格世界的瞬间。爱到不能自已，因此不计代价。

她也走过弯路。

大学她念的是心理学，她曾经眉飞色舞地给我讲教授的心理实验，真心以为自己更感兴趣的是人心。但她去做访谈实习时，却盯着访谈对象的脸，思考着从哪个角度拍，才能拍出完美的光影效果。

终于，等不及毕业，她向北京的摄影学校递交了报名申请。

交学费，买单反，买镜头，费用不菲。欧曼用一股“不成功便成仁”的拼命劲儿，说服了父母，只身赴京。

等到大学毕业，她已在摄影学校学会拍片的各种技巧。从北京赶回来参加毕业典礼时，她带了摄影杂志给我看，告诉我内页刊登了她的作品，又向我炫耀隔壁摄影棚拍著名演员的杂志封面照时，她去当过摄影助理，“李宇春也见过啦”，她笑得像一个偷舔了糖果的孩子。

我从未见过她这么开心的样子，就连她那时眉飞色舞说心理学有趣时，也不曾有过如此耀眼的表情。

原来梦想真的会滋养一个人，让人由内而外，绽放光芒。

毕业后，我也去了北京。

朝九晚五的生活很无聊，有时下了班无处可去，我就去摄影棚等她下课。她总是很忙碌，扛三脚架，打灯，举反光板调整角度，用蹩脚的英语和外国模特交流，但无论多忙，她总是一副乐在其中的样子。

念完摄影学校，她开始在时装杂志社做摄影助理。没有薪水，付出时间，透支体力，唯一能得到的是经验——经验宝贵，由不得她不拼命。但拼命又有什么关系，手里握着“年轻”这个法宝，她觉得自己简直就像屠龙的勇士，单凭气势就可以天下无敌。

那段时间她瘦得厉害，也穷得厉害，我虽然经常找借口请她吃大餐，却并不担心她，因为她眼底的耀眼光芒让我相信，即使只以梦想为食，她也可以活下去。

过了半年，辛苦终于有了回报——摄影学校的前辈打算开工作室，邀她担任摄影师。

终于可以尽情地拍照，拍自己的作品，告诉我这个消息时，电话那头的她，开心得说话都打了结。

那天，我在大排档点了一打啤酒，和她干了一杯又一杯，我们在北京初夏的夜色里，笑着闹着，谈未来，发酒疯，直到夜空里最亮的那颗星隐入天际。

创业初期，薪水很低，“没关系，”欧曼手一挥，“没有薪水的日子我都忍过去了，现在至少能养活自己啊。只要接到单子，日子就好过了。”

因为缺人手，前辈又在同时经营其他店面，前期工作基本都是她在做。她整日整夜地忙，焦头烂额。

三个月过去，工作室仍然没有接到单子，虽然前辈用另一家店的收入支付着摄影棚的开支，让工作室不至于倒闭，但这不温不火的状态，让欧曼很是焦躁。

这时，前辈招到了第二个摄影师菲戈，和完全是新手的欧曼不同，菲戈有过两年的摄影经验。虽然前辈的说法是让菲戈辅助她，但欧曼的处境明显很不利。

很快，糟糕的事情发生了。

工作室接到的第一个单子，是某个品牌的当季服装大片。在此之前，欧曼一直忙着为工作室拍宣传片，接到单子时，宣传片还没拍完，于是前辈让菲戈负责与客户面谈沟通，并信誓旦旦地保证片子一定由欧曼来拍。

结局连我都能猜到：一心以摄影师为目标，辛辛苦苦把工作室搭建起来的欧曼，到头来却失去了操手摄影的机会。前辈向她道歉，说："要不你干脆放弃做摄影师，我把工作室交给你管，给你提成分红，怎么样？"

不知受了前辈怎样的蛊惑，也不知她是如何逼自己忘记最初的梦想的，总之，欧曼选择了妥协。

我知道她对父母那边，一直都说工作顺利，还夸口说摄影学校的学费都快赚回来了，也知道她为了攒钱买镜头，已经一年没买过新衣服，出去从来都只吃最便宜的便当。

仅以梦想为食，其实是活不下去的。

那年年末，在烟火漫天的除夕夜晚，我接到欧曼打来的电话。

"喂，喂，"她在电话里大声说，"我现在在海拔4900米的山顶，你听，这是山风的声音！"

听筒里传来巨大的风声。

呼——呼——呼——

撼天动地。

"我说对了吧！欧曼！即使到了海拔4900米的地方，你也不会死掉！"在烟火声和风声里，我冲着电话歇斯底里地喊。

她哭出了声。

“那，我的梦想不会死掉吧？”在高原之上，欧曼哽咽着问我。

“不会。”我笃定地告诉她。

回到北京，她辞了职。

越来越上正轨的工作室，越来越丰厚的分红，她放弃得干脆利落。

如今她是一位自由摄影师，同时为好几家时尚杂志和摄影室工作，刚刚得到“十佳时尚商业摄影师”的提名。

摄影杂志采访她：“在这个残酷的业界，你是靠什么坚持下来的？”

她淡淡一笑：“我只是放不下手中的相机罢了。”

曾经以为，梦想奢侈到把自己当了也买不起的地步。

后来才知，梦想所要求的，仅仅是我们的不苟且，不妥协。

纯粹的时光和爱情

电视剧的男女主角在面对一份阻碍重重的无望爱情时，常常会说出这句烂俗台词：“去一个没有人认识我们的地方吧。”

从前我和室友窝在寝室煲剧，只要一看到男主或者女主说出这句话，就会笑个不停。

什么呀，难道你们以为只要去了那个地方，一切现实的问题都会迎刃而解，爱情会像童话故事写的那样，永远隔绝尘世丑陋，只留下鸟语花香？

这自然只是肥皂剧里想当然的情节。

现实往往是，即使真的找到了一个没有人认识你们的世外桃源，从此爱情不再有阻碍，你们也扛不过生活里日复一日的琐碎和鸡毛蒜皮。要知道，爱情这种像肥皂泡一样的东西，有时会仅仅因为“马桶盖要不要放下来”“牙膏从哪头开始挤”这样的矛盾而终结啊。

我和室友一边嘲笑他们不切实际，一边抱着电脑继续看剧。

所以你看，我们都现实得很，却拒绝不了一点点哪怕只是虚假的浪漫想象。

我曾和男友去过一个没有人认识我们的地方。

那时我们在不同的城市念书，见面的时间少得可怜。好不容易放暑假回家，我们每天都不惜顶着酷暑出门约会。但我那时家教严，晚饭前肯定是要回家的，而且又经常要陪爸妈，没空和他常见面，他一直为此很不开心。

有一次，我和他从冰激凌店出来，太阳西斜，我说我要回家了，他拉着我不放手。我挣扎几下挣不开，急了，用力甩开了他。他垂着头半晌，说，去一个没有人认识我们的地方吧。

我以为他只是开玩笑，谁知第二天，他真的拿来了路线图。

那是他太爷爷的家，在很远的乡下。他太爷爷早已去世，住在那里的是他爷爷的弟弟，那段时间正好被儿子接去外地旅行，所以房子里空无一人。他说，我们可以去住几天。

我对妈妈撒谎说要去朋友家住，背个小包就出了门。去乡下的车，一天只有两趟，车上的人抱着鸡鸭，背着装果子的大袋子，你一句我一句地闲扯，热闹得很。我没去过乡下，看什么都觉得新鲜。

我记得那天天气非常好，车窗外是一碧如洗的蓝天，大片大片掠过的碧绿稻田，夹杂着晒在平地里的金黄玉米，火红辣椒，风景如画。

他太爷爷的房子依山傍水而建，四周围着竹篱笆，院子里种着香樟，养着一群嫩黄色的小鸡崽。

我站在院子里，极目远眺，山水都是碧色，笼罩着淡淡的云雾，一瞬间仿佛有了“采菊东篱下，悠然见南山”的心境。

世外桃源啊。

一切都得自己动手。

做饭，洗衣服，收拾房间，给小鸡崽喂食。我们像一对小夫妻，男耕女织。我在叮叮当当切菜时，他就在一旁挥锅铲炒菜；我在水边洗衣服时，他就在一旁捡用来生火的树枝；我喂小鸡崽时，他就在一旁打扫院子。

最近的邻居都在十几分钟路程之外，在这几近与世隔绝、谁也不认识我们的环境里，我们度过了相当原始、也相当浪漫的三天生活。

没有隐瞒爸妈的压力，没有晚饭之前要回家的规定，也没有聚少离多的痛苦。

白天，我们坐在树底阴凉里听歌、读书、闲聊；夜里，我们坐在屋檐下依偎着看星星。乡下蚊子多，他就在我身边点好几盘蚊香，为我挥扇子。

纯粹的时光和爱情。

那时我真心觉得，要是能永远这样下去就好了。

站在此处的生活里，向往另一种生活；身处此时的爱情中，羡慕另一种爱情；明明过着这一场人生，却憧憬另一条人生路——这样的情结，每个人都有。

坚硬冰冷的现实，苟且琐碎的日常，谁不想逃离？

谁的心底不期盼一个世外桃源？在那里，没有伤害，没有悲伤，可以安放自己最美好的梦想。

直到现在，每每我遇到挫折或者伤害，第一选择都是去一个谁也不认识我的地方待一阵子，什么也不做。

仅仅只是身在陌生之地，就能让我与原来的生活和世界脱离干系，就足以让我停止纠结和痛苦。

只可惜到头来谁都要回到现实。

后来，我和男友终于考入同一所大学，从欣喜到甜蜜，再到冷淡、分手，只用了短短一年。理由无非也是一些琐碎的事，琐碎到我已经记不起来了。

遭遇阻碍时，爱情总是生机勃勃，百折不弯；走向平淡后，反而容易“见光死”。我们总是向往一个谁也不认识自己的地方，希望借此躲避外界的伤害，却又总在两个人的世界里上演另一场彼此伤害的战争。

分手时，我想起当初在与世隔绝的乡下和他一起度过的时光，觉得像做梦一样。明明已经不再聚少离多，明明可以每天都见面，明明可以尽情拥有两个人的私密时间，却不再如从前一般想念彼此，珍惜在一起的每一分每一秒。

其实，爱情到底是什么呢？也许缺少冲破阻碍的勇气和决心，就散了，但果真有了勇气和决心，也总要因为别的什么离散。

在两个人的世界里忠贞相守至死相爱的爱情故事，也不是没有。

20世纪50年代，二十岁的重庆农家青年爱上了一个大他十岁的寡妇。为了躲避世人的流言，他们携手私奔至深山老林，过上了几乎隔绝尘世的生活，从此平淡相守至死。

为了让妻子出行安全，男人一辈子都忙着在悬崖峭壁上凿石梯，最终靠一双手凿出六千多级石梯。这些石梯后来被发现，命名为“爱情天梯”，令无数人为之感动。

当世上的大多数人把爱情定义得越来越复杂的时候，这个简单得毫无杂质的爱情故事就成了传奇。

有时我不免想，重庆青年和他深爱的女人在深山老林里生活数十年，日子寡淡得毫无起伏，为什么能够相看两不厌呢？

后来我想，或许是因为爱吧。因为他们都深信，他们脚下所踩的大地，此时所过的生活，彼此相守的每一刻，就是属于他们的桃花源。

而你我，却一直向别处寻找。

我在每座城池刻下思念

有人说，看两个人适不适合结婚，最好的办法就是让他们一起旅行。

旅行途中，两个人相处的时间非常多，会遇到很多状况。如果长时间相处而不互相厌倦，面对各种状况都能够控制好情绪，恰当处理，同时还能顾及对方，那这对恋人基本就合格了，可以走向婚姻殿堂了。反过来，那就不适合在一起。

所以，她十分确信，身边这个能够和她一起开心旅行的男人，就是她未来的丈夫。

爱情有时奇怪得很，你简直不知道为什么这个世界上竟会有这么一个人，仿佛上帝专门为你而造。早在几年前，她和他相识、相恋，感情契合到彼此都觉得惊奇的地步，他们唯一可以确定的是，自己遇见了不可替代的真爱。

他们有一个共同的爱好——旅行。工作之余，两个人利用假期去过很多国家和城市，每次旅行都开心得超出预期。让她惊喜的是，在某一次旅行途中，他向她求婚了。她开心得当场就答应了他。

可是，就在她憧憬着未来美好新婚生活的时候，噩耗传来了，男友得了绝症。她伤心欲绝，赶在男友去世之前，在病床上和他举办了婚礼。

他死后，她每天都活得像行尸走肉，完全没办法摆脱这种痛得好像下一秒就要死掉的糟糕感受。一天，她翻出了从前两人旅行时拍的照片。每一张照片上，都有两个人，有时只拍了他们十指紧扣的一双手，或者紧挨着的一双脚，有时是笑得很灿烂的大头照，有时则是依偎在一起的背影，照片的背景，是他们一起去过的每个地方。

她一个人抱着电子相册，看得泪如雨下。

那天之后，她决定重新背起包去旅行。

她带着男友的照片，去了他们之前计划要去的几个城市。在那些城市最美的风景里，在每一家咖啡馆里，在每一个广场上，她都会和男友的照片合一张影，告诉天国的他：我们来过这里。

再后来，她走得越来越远，走过的地方越来越多，从苏格兰到南非，从加拿大到南美最南端，从东南亚到澳洲，在每一座城市，每一处风景面前，她都会和男友的照片合影。

她发现，所有的城市，所有的风景，忽然变得不一样了。

后来她回到自己的国家，再回忆起死去的男友，想起来的不再是他生病时的样子，死去的样子，而是这些她带着他看过的风景。

爱丁堡的天籁之音，太阳城的奢靡，温哥华的金色海滩，火地岛的圣洁，普吉岛的梦幻，墨尔本的神秘，一幕幕浮现，每一幕都有了全新的意义，因为它们都与他有关，与爱有关，与思念有关。

一个人对另一个人的思念，被镌刻在整个世界的风景里，这真是太浪漫的事。

有时我们喜欢追问得到和失去的意义，其实哪有那么多意义。走过的路，看过的风景，经历过的爱恋，就是意义。

他曾经到她的生命中来过，带来一场盛大的喜悦。

从此，她生命的一部分，她见过的风景，永远与他有关。

这就是全部的意义了。

北京男孩第一次去杭州时，正是刚和杭州女孩分手的时候。

女孩从杭州来北京念大学，他们在大学里相识、相恋、分手，从始至终，他从来没有去过她的城市。

你知道，这世上总是会有这样的爱情，明明双方都想要好好爱下去，结果却不明不白地分了手。分手的时候，他不明不白，难过得不知所措，终于一个人去了她的城市。

总觉得想要寻找什么答案，实际上他也不知道自己到底要找什么，只是绕着西湖乱晃，他只是记得女孩说过，她住在西湖附近。他还记得女孩说过，杭州是她最喜欢的城市，杭州是她的家。

和他一样在北京土生土长的男孩，要么出国，要么待在北京，很少有去国内其他城市定居的。但他当时真的认真想过要陪她回她的家，在那个美丽的南方城市定居。

他那时组建了一支乐队，每周去五道口的地下酒吧演出，平时就在郊外租的四合院练习。女孩非常喜欢陪他练琴。他和乐队成员一起练习时，她就在一旁坐着，专注地听，听完就去给他们做饭吃。

她做的苏杭菜，说不上多好吃，但像她这个人一样精致，清淡。如果可以，他很想吃上一辈子。

爱情刚开始的时候，当然彼此都只看得到对方的优点；熟了之后，就有了苛求，挑的都是对方身上的刺。

她说："你每天除了乐队就是乐队，每次我感冒难受需要你安慰陪伴的时候，你都在酒吧。"

他说："我不是觉得你做的菜不好吃，可是，偶尔也做点其他口味好不好。"

他觉得这也没什么，吵吵嘴，挑挑刺，都是寻常的情侣会干的事。他觉得他们最后还是会在一起的。分手这种事，打死他都没想过。

后来她说，她也没想过要分手。可是，那天她生病了，而他却在酒吧演出，电话怎么也打不通，她忽然觉得他离自己好远，未来一片黑暗，她看不见前方的路要怎么走。至少，她不确定是不是和他一起走。

杭州的确是一个美丽的城市。

绕着偌大的西湖走一圈，他几乎把两条腿都要走断了。这是她生活的地方，可是风景那么陌生，没有和他有关的任何回忆。

离开杭州以后，他没有跟任何人提起他曾经来过这座城市。

毕业后，他的乐队在地下摇滚圈唱出了一点名气，有了一票固定的粉丝，后来他们签了唱片公司，出了专辑，要在全国巡演。

巡演的首站，他定在了杭州。

压轴的歌，是一首他新写的歌，是关于杭州，关于他爱过的女孩。

假如一座城市对你有着特殊意义，你想起来就满心惆怅，念出那几个字心就变得柔软，通常都是因为那座城市里有你爱的人。

可惜爱到最后，你和她都无路可走，只徒然留下回忆。

他在台上，只用吉他和钢琴伴奏，垂眸唱着属于自己的回忆。

他不知道她有没有来看，他的目光看不到台下千人，就像只对着她一人歌唱，深情，忧伤。

然后，这首歌，毫无预兆地火了。

因为没有收进专辑，所以以单曲的形式推出，一推出便是大卖。他接到的通告和采访越来越多，巡演也增加了很多场。而且此后的每一场巡演，现场的观众都会要求他唱这首歌，最后的结果，常常是全场沸腾，一首悲伤的歌变成了千人大合唱。

原本是一首叙说私人回忆的歌，一下子成了脍炙人口的流行歌；原本只是小众的摇滚乐团，一下子变成了走到大众面前的音乐明星。

一次失败的恋情，成就了一首悲伤的情歌和一支迅速蹿红的摇滚乐队。杭州这座城市，从此对他有了新的意义。甚至对他的歌迷而言，也有了不一样的意义。无数歌迷慕名来到杭州，就为了去他在歌词里提到的地方，去寻找他思念她的痕迹。

如果可以，他并不想失去她，不愿意在爱情破灭后徒劳追忆。如果可以，他想要爱情，而不是名气。

可惜，生活里多的是阴差阳错的事。你要的是这种人生，得到的却是另一种人生。谁也不知道命运会在什么时候收走什么，又会在什么时候给予什么。

不过，这样也好，至少他将一场思念演绎得这样盛大，赋予一座城市以深情，在千万人心里刻下烙印，找到共鸣。

只是不知那个再也没有出现在他生命中的杭州女孩，是否听过这首为她写的歌，是否觉得这样的结局已足够浪漫。

PART 2

往事不回首，余生不将就

十指相扣，走过四季

澳大利亚莫达风景建筑公司计划在维多利亚州的西南海岸悬崖上建一座海景房悬崖屋。整栋建筑悬空于峭壁之上，一侧用工业钢筋固定在海岸岩石上，总共五层，顶部是车库和入口，由一部电梯连接，拥有三间卧室，底层有浴室、露天温泉和烧烤区，房子的外墙几乎全都由钢化玻璃装饰，只要你不恐高，那么在屋内任何地方，你都可以全方位地尽情享受海景。

这真是现实版的“面朝大海，春暖花开”。

但这毕竟是个例。

这个世界上又有多少人真正能够住在海边呢。何况，即使住在海边，恐怕也要为生活奔忙，又有几个人能够日日无事，看海看花？

说到底，这只是诗人笔下的理想罢了。

当初海子写下这句诗，本意或许并不是为世人勾勒一种假想的美好生活。但这几个字描绘的图景太过美好，以至于当人们厌倦眼前的日子，挣扎于苟且现实不得解脱时，总是会不由自主地向往那样一种生活——面朝大海，春暖花开，单纯、明亮、温暖，没有冰冷自欺，没有背叛伤害。

有一年，老爸生病，我回家照看。每天在医院、病人、消毒水、药水的气味里度过，又担心老爸的身体，心疼他遭罪受苦，从早到晚我的心情都很坏，又不能被老爸看出来，影响到他的情绪，所以我面容上总是微笑着，言语里也都是温柔的安慰。

我又焦躁又疲倦，祈祷着老爸的病赶快好，祈祷着这样的日子赶紧结束。

某天夜里，忽然收到朋友的短信。只是单纯的问候，因为我一直在家，很久没有和朋友联系，他有点担心我。他告诉我他正打算去海边，问我要不要和他一起去。

他说："一起来海边吹吹风。"

我当然没法和他一起去。

但他那句"来海边吹吹风"，却不可思议地抚平了我的焦躁。

我想象着和他一起走在海边的情景，海浪温柔，海风带着清新的咸腥气息，脚下是柔软细砂和漫过脚面的海水，我和他肩并肩，沉默地漫步，长发被吹得高高扬起……

只是想象，就已如此美好。

后来，我和他成了恋人，一起去看过很多地方的海，当然都很美，但我至今怀念的，仍是那一次想象中的风景。

在我最艰难的时刻，它带着治愈人心的辽阔与安宁，出现在我的眼前心底。

面朝大海，春暖花开，仅止于想象或者向往，大概会更美好。

毕竟，真要每天住在澳大利亚西南海岸的悬崖屋里，日子久了，只怕也一样味同嚼蜡。

能够让人念念不忘的，从来不是一成不变的日常，无论这日常有多么奢华、独特。

Z小姐一直以过上奢华生活为目标，她才不想和身边那些女孩一样，每天踩着高跟鞋去挤地铁公交，买一件名牌都要下好几个月的决心。所以当她遇见一个年轻多金的富二代时，她告诉自己，一定要不择手段拿下这个男人。

当然，Z小姐所谓的“拿下”，是和他结婚。但这个男人根本不想结婚。Z小姐只好退而求其次，做他的女朋友，只要他为她花钱就够了。

他的确舍得花钱，带她去夜店，一掷千金，带她买名牌包、衣服，直接把信用卡递给她，带她去度假，住海边的五星级酒店。

靠她自己的薪水，当然享用不起这些。但为什么一定要自己去赚呢?

和他并肩坐在情侣套房的阳台上，喝着红酒，看着眼前壮阔的海景，Z小姐其实并不觉得这样的时光美好，但她何必觉得美好呢，只要在社交媒体上发照片，就能被无数人点赞，那种暗爽得意的感觉不是更好?

富二代男人那段时间对她很够意思。但等他腻了，他出轨的速度也相当快。Z小姐很快发现了，质问他，他却满不在乎，一副“你要花我的钱就给我闭嘴”的态度。Z小姐自然想花他的钱，但这样忍气吞声，实在太失尊严，Z小姐自问还没有贱到这种地步。

和他分了手，直接的结果就是她上下班没有人接送，没有人开豪车带她兜风，带她购物，晚上不再有夜生活。

Z小姐一下子适应不了。

有一天下班，她挤在沙丁鱼罐头一样的地铁里回家，下车时，不知被谁一推，她的高跟鞋被挤掉了。在穿梭不息的人潮里，她逆流而上找自己的鞋子，终于发现那只鞋时，却发现鞋子已被人踩得变了形。

Z小姐的眼泪当时就下来了。她想自己到底为什么过着这样的生活。

回头再去找他？或者再找一个愿意为她花钱的有钱男人？只要她肯委屈自己，或许也并不难。但Z小姐不想再这么做了。万一再被甩呢？

绝对不要再重复有豪车接送和挤地铁的恶性循环，她要靠自己的努力，和这个城市的高峰期地铁告别。

下定决心的Z小姐，花了整整十二年时间，终于让自己过上了随时可以买奢侈品，随时可以出国度假的生活。

在这十二年间，她从一名普通的职业女性升至部门主管，再升职为市场总监，勤恳辛苦地一步步走过来，终于可以站在众人面前，单纯地只为自己骄傲。

当她开着属于自己的车上下班时，才意识到当年那个想要坐豪车，想要被人羡慕的年轻女孩，有多么幼稚。

不属于自己的东西，要来有什么用？

即使住过太平洋海边的五星级酒店，看过那样美的海景，如今回想起来，Z小姐也并不觉得留恋。

面朝大海，春暖花开，浪漫吗，珍贵吗？她不觉得浪漫，也不觉得珍贵，因为并没有一个真心爱的人在身边，让她可以和他在天与海之间十指相扣，从此一起走过四季。

后来Z小姐听说，当年带她一起去看海的富二代，由于老爸的生意出了差错，境遇已经大不如前了，现在在某家公司的销售部努力工作赚钱。

你看，每个人最终都要醒悟，靠自己双手得来的东西，才不会轻易失去。

世界的尽头，紧紧相拥

她跟着他，第一次去斯里兰卡，踏足霍顿平原，那个被称为世界尽头的地方，是在相恋三年后。

她和他十指紧扣，站在霍顿平原的山峦豁口处，湖泊、平原、山脉、白云、湿地交织而成的广阔画卷，美得令人窒息，眺望一览无遗的远方，周围安静极了，就像真的到了这个世界的尽头。

她爱上他时，年纪已快到三十大关。而他，还是二十岁的小鲜肉。“小鲜肉”这个词，是她刚见他时对他的形容。

哪个大龄女青年不爱小鲜肉？

当然了，她有非分之想，却不敢有任何实际行动。对她而言，他就像橱窗里放置的食物模型，既好看又好吃，但她只能在橱窗外眼睁睁看着，不能拥有，也不可能真的去品尝。

她比他大了十岁，而且一个在上海，一个在大理，怎么可能在一起呢？

相差十岁的姐弟恋，需要跨越的障碍太多了。

她首先就过不了自己这一关。

四年前，当她从上海外滩穿越至大理和亚丁的阳光下时，真的觉得自己幸福得像一个傻瓜。

心力交瘁的工作，让她每天累到瘫痪。不仅仅是忙碌，心更累。

那天她去见客户，下了出租车，噔噔噔踩着高跟鞋抱着文件乘上前往二十层的电梯，下电梯时却发现自己找错了地方。客户的公司在那幢写字楼的C座，她却进了A座。下楼再找，死活找不到C座的入口在哪里。问了好几个人，有人指东有人指西。

她茫然无措地站在太阳底下，忽然想，她其实并不适合在一个巨大到让她失去方向感的都市里拼杀。拼杀来拼杀去，先死的肯定是她自己。

带着所有积蓄，她辞了职，去大理开了一家客栈。

站在开满格桑花的院子里，她不觉得自己找到了梦想，过上了想要的生活，但至少，她开始有余力微笑了。

那时，他比现在更年轻，还是个大学生，暑假来大理当义工。

她知道隔壁客栈老板收的都是漂亮的女学生当义工，她想，自己既然是个女人，不如收几个小白脸进来，装一装富婆。

他纯粹因为脸长得好看，被她招进来。

日子过得很平常，她是老板娘，他是小杂工，天天像跟屁虫一样跟在她身后听她使唤。她虽然使唤得狠，对义工们却很好，变着花样给他们做早餐吃，晚上忙完工作还会请他们在院子里喝她自己酿的果子酒。

大理静谧的夜空下，会弹吉他的男生在夜色里高歌一曲，会讲笑话的男生一开口段子无数，他笨笨的什么也不会，她也就正好在一旁端着酒杯偷偷看着他帅气的侧脸。

有时她故意装出喝醉的样子，骗他来扶，这就是她能做到的极限了。再进一步，她不敢。

暑假过完，他回学校。彼此加了QQ，说好下个假期还来。

下个假期，他果然又来了。

她开玩笑说：“大理那么多客栈，你怎么就赖在我这儿了？”他说：“我喜欢你酿的酒。”

她笑得很开心。

嗯，就算只是这样也好。

闲暇时，她带着男孩们去转山。亚丁的阳光很好，高山草甸上开着花，转过海拔五千米的垭口，神山、圣湖清晰如在目前。

几个大男孩不顾空气稀薄，大声冲着山那边喊“你好”。当然没有人答应。她也喊了一嗓子，只觉得胸中闷气一扫而空。那阵子，她刚谈了一场不怎么成功的恋爱，和一个来大理驻唱的歌手。

大理唯一不缺的，就是类似这样的艳遇。

她没事出门闲逛，听到他在唱歌，几杯酒一下肚，多聊了几句，年纪差不多，又都是从大都市过来的，亲近感有了，环境有了，立刻就走到一起。她当然也想到过她喜欢的那个大男孩，但那毕竟是理想，比不得触手可及的现实。

大理既不缺艳遇，自然就不缺出轨的桥段。她遇到的是最狗血的桥段，捉奸在床。

从北上广辞职来大理开客栈的人，一抓一大把。在大理艳遇，又被出轨的人，同样一抓一大把。她就是这一大把人当中的一个，吐苦水都没人听，这样的故事，大家都听腻了。

她有时会想，人生真是没什么意思。但有时她站在自己一手打理的客栈门前，看格桑花开，看他一脸认真地在阳光下晒被子，又会觉得人生还是挺有意思的。

年末她回了一趟家。他的学校也在上海。两个人相约出来喝咖啡。

在大理没能告白的话，在上海说出来了。告白的人当然不是她，而是那个二十岁的大男孩。

她吃惊不小，待在那里，光顾着摇头。他急了，从桌子对面探身过来抓住她的手，说："你也喜欢我吧？"

喜欢，喜欢得不得了。可是，她比他大了十岁啊。

他说："我不管，我就是喜欢你，我都想好了，我们要在一起。"

她又想笑，又想哭。真是年轻啊。年轻，真好啊。

而她，早已过了这样任性的年纪。

姐弟恋，异地恋，不安定的因素实在太多。但她面对他任性的告白，还是点了头。

其实，她有一种赚了的感觉，就像在赌场豪赌一把，赢得金银满钵，高兴是高兴，却也觉得不踏实。

但不管有多么不踏实，她也不会傻到放弃白白赚来的东西。

在一起的三年间，他们聚少离多。要么是他跑来大理看她，要么是她回上海看他。他们见面的日子总是很短，掐着时间过也不够用，况且还得匀出时间来吵架。

她虽然长他几岁，一个人辞职下海，跑到大理开客栈，看上去强悍得不需要任何人，到底也有一颗女人心，脆弱起来也会哭会闹。而他，太年轻，有时不懂迁就，也不懂体贴。

他们就这样磕磕绊绊好了三年，会谈论未来，但两个人都不确定未来是怎样的。他毕了业，在一家大企业实习。而她还在继续开客栈，她也不知道自己会坚持到什么时候。

朋友、家人都为她担心，你都三十多岁了，跟这个年轻男人在一起能有什么未来？他还那么年轻啊，连风景都没看过多少，悲喜也没经历过多少，有一天他抛弃你去闯世界，你怎么办？

她不是没想过，但又觉得为了那些未知的事，放弃眼前的幸福，实在有点蠢。能和喜欢的人在一起，她还有什么不满？

但她其实很不安。有一次她去上海，他因为在忙工作而忽略了她，她生了很大的气，直接买机票回了大理。从前她在大理，就连有点小感冒，他也会大惊小怪地寄药过来，现在她在他身边，他却连正眼都不看她。

她自己知道，这是在任性，闹脾气，可是她克制不了，仿佛不这样，这满腔的不安就无处发泄。

他什么错也没有，是她过不了自己这一关。

幸好，他很快打了电话过来。她本来不想接，结果她心软，还是接了。

他第一句话不是道歉，而是说："我们去世界的尽头。"

她愣了愣："南极？"

他说："我攒的钱只够去斯里兰卡。"

她忽然就笑了："好啊，去不起南极，去斯里兰卡也行。"

"我现在还一无所有，不能给你任何承诺，但是在以后的人生里，我会和你在一起，我们会手牵手肩并肩，去经历一切。"这个二十三岁的男孩对她说。

他说不能给任何承诺。但这就是承诺了吧？

在辽阔的荒无人烟之地，在这个世界的尽头，她和他紧紧拥抱，相依为命。

此后，再有人替她的未来担心，她会笑着说："我连世界的尽头都去过了，还有什么好怕的？"

陌生人给的温暖

有位朋友，平日里一派淑女气质，笑不露齿，坐不露膝，但一坐进爱车，握住方向盘，立刻转换人格。音响开到最大音量，低音炮轰响着，她跟着音乐且歌且舞，很投入，摇头晃脑，鬼哭狼嚎。

一次她开着车窗，正嗨着，旁边车道过来一辆车和她的车并行，司机是个帅哥，一直看她。恰好一曲终了，她一扭头，发觉有个帅哥在看她，回想刚才不雅的形象，不禁有点脸红。谁知那帅哥咧嘴一笑，冲她竖起了大拇指。

她大受感动，连忙也竖起大拇指，回了他一个灿烂笑容。

后来她一提起这事就开心得不得了，感叹陌生人赠予的欢喜和感动，让人心里好温暖。

温暖的感觉，我们都体会过。

爱情的温暖——

他还是个穷小子时，曾经坐十五个小时硬座跋山涉水来你的城市看你，让你心尖尖都是暖的。

他忙工作忙到昏天黑地，忘记了你的生日，却在记起来后，深夜零点跑来敲你的门，气喘吁吁给你一个大大的拥抱，让你心里暖融融的，忘记了之前的生气懊恼。

亲情的温暖——

他们是生你养你的人，是你最爱的人，在外面，你披着长发，穿着长裙，吃饭只吃一点点，行走坐立，优雅矜持高贵冷艳，回了

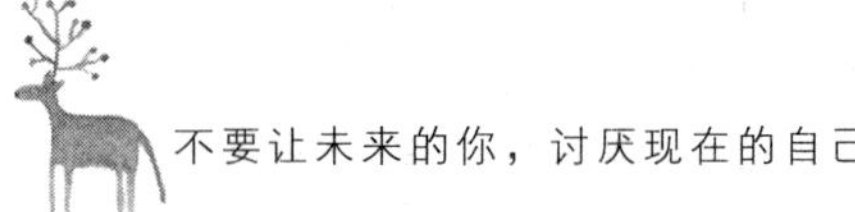

家面对他们，你却只扎个乱七八糟的马尾，露出大脑门，成天歪在沙发上没个正形，吃饭狼吞虎咽，大笑起来没心没肺。

在这冷酷的世间奋斗拼杀，他们永远是你的退路，是唯一温暖你的所在。

还有友情的温暖——

她是你从小到大的死党，你们一起疯一起笑一起闹；后来又一起聊理想，聊成长，聊八卦，聊爱情。

在你受伤受苦的时候，你对父母报喜不报忧，却在她温暖的怀里撕心裂肺痛哭。

……

我们都会和这世间的一些人建立起亲密关系，和他们花很长时间相处，付出，也索取，在这些关系里收获最深的幸福，也受到最深的伤害。

而和陌生人之间的关系，完全是另一种。

与幸福无关，与伤害无关，只与刹那的温暖有关。

敏儿第一次去欧洲旅行时，曾与陌生人有一段奇遇。

这个已为人母的女人，是某文化公司的掌门人，平日和所有都市白领一样忙于工作，同时照顾丈夫和儿子。家庭事业两不误，已是有很大能耐，而她还能兼顾人生最大的爱好：旅行。她曾在自己的微信公众号上慷慨放言：“所有的浪漫都抵不过一张特价机票。”

去欧洲旅行时，她带着儿子一起。母子二人从德国德累斯顿坐火车到捷克的布拉格，预订的酒店就在中央火车站附近，下了火车就能抵达。可是，因为对路途和地名不熟，她带着儿子下错了站。

他们拖着行李转来转去找不到酒店，又不会说当地的捷克语，问路也听不懂。再加上当时还下着雨，她和儿子又冷又饿，只好返回火车站餐厅。在餐厅，他们遇到一个二十多岁的小伙子。小伙子知道她要去的酒店，但他不会说英语，只打了个手势让他们跟着他走。

来之前，朋友曾告诉她，欧洲小偷很多，要小心提防。但此时，面对一个陌生人的帮助，她没有其他选择，只能全然地信任他。

将他们送到酒店门口后，小伙子什么也没说，挥挥手就走了。

当时觉得理所当然，但她事后回想，有一个人，不求回报地去帮助来自异国的陌生人；而她，无条件地去信任一个素未谋面、语言不通的人，这种感觉相当奇妙。

后来她一直忘不掉，那个陌生的捷克小伙子曾经在布拉格的冷雨里带给她的温暖。

在《欲望号街车》里，费雯丽有一句经典台词："我总是依靠陌生人的善意。"活在大千世界上的你我，莫不如此。

美国某个大学的学生做过一个恶作剧视频，在网上点击率很高。这个恶作剧相当简单，他们为一个长发的女生化了一个极其恐怖的妆容，然后让她坐在路边一张长椅上，把脸埋在手臂里，弯下腰，蜷缩起身体，装作很不舒服的样子。等路人关切地来询问她时，她就猛地抬起头，吓得人屁滚尿流地逃跑。

大概是化妆师技术太厉害，每个路人，都吓得哇哇大叫，连滚带爬，一副大白天见鬼的惊悚表情。

拍这段视频的人是为了恶作剧，看视频的人也是为了看路人出糗的样子取个乐。但我却被这个短短的视频感动了，因为我从中看到的是陌生人毫不做作的善意。

在那段视频里，经过的路人，无论男女老少，高矮胖瘦，无论是一个人独行，还是好几个人结伴而行，无一例外，只要看到长椅上那个蜷缩身体的女孩，所有人都会上前关切地问她需不需要帮助。

来自陌生人的坦荡善意，真是让人看了就心生温暖。

一直以来被教会的，是防备陌生人。儿时，爸妈说不要给陌生人开门，不要吃陌生人给的食物；长大后，警察说走在街上可疑的陌生人接触你时要提高警惕；去旅行，所有人都告诉你不要轻信陌生人。也时常听到有人说，出于善意帮助了别人，反而被人敲诈；去异国他乡，丢了行李和钱包，寸步难行。

但我也听说过许多故事，在陌生的地方，总能遇到陌生人的温暖善意。

有驴友在古镇迷路，好几个当地人聚集过来，开手机导航帮她找路；有插画师朋友在巴黎街头拍照，总有陌生人冲她招手，微笑，甚至还有人主动在她的相机面前摆姿势当模特；有旅人在南亚某个岛国丢了护照，酒店里的陌生人亲自开车带他去找大使馆咨询。

我自己时常人在旅途，搬不动行李时，找不到路时，在机场托管不懂得手续流程时，有些地方孤身不敢前往时，心情恶劣时，又何尝不是依仗了陌生人的善意。

一次前往江南某个小镇，我在长途车站下车，混乱中被人偷走了钱包。证件和信用卡我放在其他地方，并没有丢失，算是不幸中的万幸，但那个钱包是老爸送给我的生日礼物，我一直很珍惜，所以在心里几乎把小偷骂了一万遍。

皱着眉苦着脸出了车站，发现外面刮着风下着雨，而我穿得单薄，连伞都没有，这下我心情更恶劣了。

好不容易等雨停了，我已不想闲逛，只想赶快找到预订的旅馆，好好休息。

小镇的石板路在雨中莹莹发亮，远处的青山，周围的古建筑，静默在湿润空气里，分明是大好风景，我却瑟瑟发着抖往前走，完全无心观赏。

无意间经过一家台湾小吃店，老板娘站在门口抽烟，看到我，用一口软软的台湾腔招呼我："天气好冷哦，要不要进来坐一坐，不点餐也没关系的哦，我请你喝茶。"

我正好也累了，就进去坐下了，老板娘果然开始煮茶。

她说："这是我们自家喝的台湾高山茶，非常好喝哦。"

茶热腾腾，店内暖融融，驱散了我全身的寒冷，我糟糕的心情也一点点褪去。老板娘笑盈盈在一旁看着我，我点了她拿手的小吃，和她聊了一下午，从茶聊到茶具，再聊到中国茶的历史，再聊到彼此经历。

分明是陌生的古镇，陌生的人，在这个下午却比什么都要亲近。

临走时老板娘笑着问我："心情有没有好一点？刚开始在门口看到你时，觉得你一脸全世界欠你钱的表情呢。"

我这才发现，原来她特意叫住我，并不仅仅是为了招揽生意。

让我怎么定义这次旅行呢？被小偷偷了钱包，又遇到糟糕的天气，当然不愉快，但我记得更深的却是那杯热茶，还有陌生的老板娘那声温暖至肺腑的招呼。

因为陌生，所以温暖。

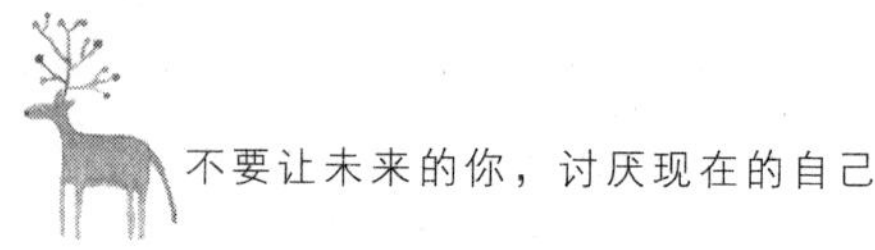

这种温暖就像君子之交，淡如水，滋味却醇厚如酒。

遇见陌生人，几乎是我喜欢旅行的最重要的理由。

唯有和陌生人，是在这个世间萍水相逢，彼此不问过往，不问将来，赠予一刹那的欢喜和温暖，随即失散于人海。

这一刹那的欢喜与温暖，散落在年轻的光阴里，存放于记忆深处，不管什么时候重温，都像刚开坛的美酒，足以芬芳整个生命的季节。

心老了，一切都老了

“来西街开个店吧。”

他和她，不知怎的就受了这句话的蛊惑，各自辞去了年薪颇丰的工作，带着全部存款来阳朔西街开了店。

两人是在西街某家昏暗的意大利酒吧认识的。

当时，他和她都是趁着年假孤身来阳朔旅行。

时节已是深秋，南国仍炎热如夏。

白天，外面阳光雪亮刺眼，街上空无一人，两个人都在民宿睡大觉，直到入夜才出来。早就听说西街外国人比中国人多，走在街上会以为自己到了欧洲某个小镇。一出来，果然满大街都是金发碧眼高鼻梁的外国人，一个个熟练地和漫天要价的店铺老板砍价。

这些外国人，大多数是来旅游的，却也有少数，来了就不走了，就地开咖啡馆、西餐厅、民宿、客栈、酒吧，娶当地的女人，就这么扎下根来。

两人去的那间酒吧就是一个意大利人开的。驻唱歌手也是意大利人，会唱许多欧洲的民歌。当歌手开始唱一曲欢快的西班牙民歌时，她不由得进了舞池跟着节奏起舞，开心得又笑又叫。他正好在她旁边，看着她一个人也能这么开心，觉得这个女孩很有趣。等到歌手换了一曲慵懒的蓝调时，他很自然地就牵起了她的手。

一起跳一支舞吧。

就这样在一起了。两个人住在不同的城市，能够相处的日子，只有在西街的这几天，彼此都珍惜得很，从早到晚牵着手四处逛。

凌晨去漓江看山、看雾、看日出；夜里租一条小木船，划至江心，躺在船上看星星；去吃最正宗的桂林米粉和啤酒鱼，买许多扎染蓝布和奇形怪状的工艺品送给对方；黄昏时分坐在码头，看小船咿呀咿呀驶进漫天夕阳，看当地人悠悠闲闲骑车过来，上衣一脱，一个猛子扎进江里游泳，游完一圈湿淋淋上岸，拿衣服随意一擦，又悠悠闲闲骑着车离开。

她说："这里真好啊。"

他说："是啊，难怪那些外国人来了就不想走。"

那天，两人路过一处围墙，围墙上有一些涂鸦，还有一行充满蛊惑力的字：来西街开个店吧。

他和她，同时愣了几秒，同时恍然大悟。

两个人各自回去辞职，退掉房子，同时抵达西街，租了临江的房子，然后在街尾拐角处租了店面，不繁华也不偏僻，位置刚刚好。

按照她的喜好，开了一家无法归类的店，卖各种她从世界各地淘回来的奇葩物品，以及她亲手制作的饰物。

从土耳其带回来的五彩斑斓的挂毯，从印度带回来的纱丽，在

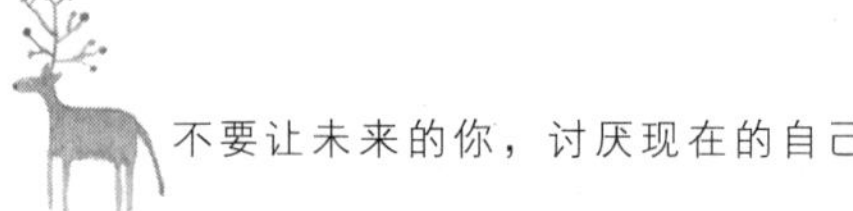

中东某个小镇淘到的动物头骨，从埃及带回来的古董挂钟，被她别致地布置在店里，走进来，会让人觉得置身于异域。

在西街，很多人专门喜欢逛这种奇葩的店，当然，识货的人并不多，但买得起货的人却不少，只要给那些来自北上广的小资男女，以及那些来自欧美的外国游客讲一讲异域风情和物品背后的故事，大多数人都会掏钱。

所以，他们的生意虽不算火，但也过得去。也因此，每隔一段时间，她就得出去跑一趟，长长见识，增加灵感，顺便多淘一些东西回来。

每周闭店的日子，他们会手牵手，去西街对面的东街逛一逛，吃遍整条街的美食，然后一人拎一瓶啤酒去江边散步。

日子过得好极了，不能更好了。

虽然离开了城市，抛下了工作，但他们因为一次旅途中的相遇，收获了美好的爱情和梦寐以求的生活。

就这样过下去，他们大概会定居，结婚，生子，然后终老此处。

只是，故事总有起承转合。他们也不能例外。

转折点是，他厌倦了。

阳朔毕竟太小了。他想要看的电影，这里看不到；他想要听的演唱会，这里没有；他想要看的展览，想听的讲座，想见的人，这里都没有。一个靠旅游繁荣起来的小镇，怎么比得上繁华的大都市？

《神雕侠侣》中的杨过爱上小龙女时，也说要陪她在古墓终老，说的时候自然是满腔真诚，但外面的花花世界到底是太好了，好到他忍不住劝说小龙女随他出去。

杨过爱小龙女是真的，在古墓住不下去也是真的，毕竟他年轻，还没把这世间繁华尝尽，做不到心如枯井陪着心爱的女人在古墓里相伴终生。

他也是一样，爱她是真的，却在想到自己将把一生的年华耽搁在这个小镇时，生出了恐惧和厌弃之心。他怀念在公司忙到脚不沾地的充实生活，怀念出门就可以看到来自世界各地的音乐剧、舞台剧、电影、话剧和艺术展的生活，怀念和一帮朋友碰杯畅谈，午夜摇摇晃晃走在回家路上高歌一曲的生活。

两个人，一种生活。

当一个人把这种生活过得热火朝天兴致勃勃，另一个人却意兴阑珊时，也就到了该终结的时候了。

他结束得相当干脆利落，什么都不要，直接收拾了行李就要走，生怕再不走就会深陷在这种安逸生活的泥沼不能自拔。

她撕心裂肺哭过好几回，等到他真的着急忙慌拖着箱子走时，反倒安静下来，坐在店里心静如水地一点点擦洗货架。

他说："走了。"

她头也不回。

多年后，他结了婚，带着妻子来阳朔。

本来不想来这里，却因为偶然说出自己当年曾在西街开过店，妻子很感兴趣，很想来看一看。他对妻子百依百顺，于是就一起来了。

除了有些店换了门脸和老板，西街并没有什么变化。当年他和她初遇的那间酒吧还在，经过街尾的拐角处，他的心脏几乎漏跳了一拍。虽然觉得她肯定已经不在这里了，却在那一瞬间想着，万一她还在呢？

拐过弯，当初那家连招牌都没有的古怪店面，果然不在了。如今那里已是一家漂亮的民族特色服饰店。

他离开阳朔后，她关了店面，不知去了哪里。

妻子去逛那家漂亮的服饰店时，他坐在店外的台阶上望着街道发呆。

他想起那个独自跳舞也很开心的女孩，那个满世界搜集稀奇古怪玩意儿的女孩，忽然觉得很怀念很怀念。

现在，看遍了繁华，历尽了悲喜，再回到最初和她相遇的地方，他才发现，心老了，爱情才会变老，不再奔跑雀跃，只想悠然漫步。他想，如果是在现在的年纪和她相遇，他应该可以和她一起在这个小镇安静终老。

多么遗憾，又多么无奈，那个时候，他的心还不够老。

心甘情愿就会简单

听说一姐去欧洲度蜜月的消息，才知道她结婚了。

她的社交网站的头像不知什么时候换了，不是秀恩爱的照片，而是她一个人的自拍照。照片里有爱琴海的奢侈阳光，无边无际的晴空和碧蓝海水，一姐站在夏日的海滩上，绽放出比阳光更灿烂的笑容。

一姐的男友是葡萄牙人，确切地说，是葡萄牙籍混血帅哥。

社交网站上，一姐很低调地晒了一张蜜月照，大家纷纷点赞，同时也不忘笑她：“明明学的是法语，我们都以为你会找一个浪漫的法国男友，怎么找了个葡萄牙人？”

与她相熟的朋友都知道，一姐和他能走到一起，并不容易。

前几年，从法国留学回来的一姐拿到一家跨国公司的录取通知。

化着精致的妆容，穿着香奈儿、纪梵希的职业装，8厘米以上的高跟鞋，每天辗转于跨国会议、机场、酒店、晚宴，看上去光鲜，实际并不轻松。

但一姐之所以人称“一姐”，并不仅仅是因为她名字里有个“一”字。

加班的深夜开车回家，一姐常常拎着高跟鞋，光脚站在电梯里，困得几乎睡过去。然而第二天早上，她仍然可以毫无破绽地站在客户面前，带着得体而优雅的笑容，用优美的法语说“Bonjour”（你好）。

在每天都忙到体力透支的工作节奏中，一姐从未想过要恋爱。但恋爱从天而降时，也从来不会给人准备的时间。

那年一姐去上海出差，在浦东香格里拉酒店的一场晚宴上邂逅葡萄牙籍混血帅哥帕特里西奥。

那天晚上，她满脑子都是他湛蓝的双眼，笑起来会扑闪扑闪的长睫毛，以至于晚宴结束后，她不惜以莫须有的工作为借口，约他去了香格里拉酒店地下著名的蝙蝠吧。

店长一如既往守在门口，“Welcome Drink first”（欢迎喝第一杯），这里的规矩是“不饮不过岗”。一姐接过店长递过来的酒，告诉帕特里西奥，“Welcome Drink”（欢迎酒）的酒是随机的，也许很烈，也许很淡，全靠运气。帕特里西奥来了兴致，仰脖一口喝干。

是果酒。他表情奇怪地皱眉。一姐哈哈大笑，同样豪迈地一口饮尽。

喝完酒，一姐面不改色地说了一句，是伏特加。

你可以想象，一个穿着高跟鞋和黑色露背晚礼服的纤瘦女人站在地下酒吧门口豪情万丈往嘴里灌烈酒的情形。反正帕特里西奥是看呆了，而且还看出了滋味。

说不清是谁主动，两个人就这样走到了一起。

帕特里西奥的父亲在葡萄牙经营一处不大的葡萄庄园，和一姐所在的公司有生意来往，但帕特里西奥来中国时，大多数时候都在上海，而一姐的职位却需要常驻北京。

见面的时间少得可怜。一姐一咬牙，放弃了北京这边大好的晋升机会，申请调职到上海。

独生女儿好不容易回到北京，能在眼皮底下照顾她，突然又说要去上海，一姐的父母当然不会轻易点头。

但一姐是生就的烈性子，和父母大吵一架后，拖着行李箱就去了机场。

那段时间，帕特里西奥刚好回国，不在上海。一姐住在酒店里，一个人去公司办调职手续，一个人去找房子，一个人搬了家。

帕特里西奥再次来上海时，一姐已经可以一个人去南京路、徐家汇寻觅咖啡馆，一个人去衡山路、石库门波澜不惊地散步了。

没过多久，一姐跟着帕特里西奥去了葡萄牙。

里斯本阳光正好。

一姐挽着帕特里西奥，漫步在里斯本街头，看美丽的吉卜赛女郎在街头跳舞，狭窄街巷中可爱的黄色电车缓缓驶过，夕阳下的海港逐渐蒙上一层温暖的金色光芒。她知道自己爱上了这个国家，这座城市，这感觉就像她当初爱上帕特里西奥一样。

这并不是一姐第一次来里斯本。

在法国留学时，她曾和朋友一起自驾游遍整个欧洲。某一年冬日，她被巴黎连日不绝的阴冷冬雨弄得极不愉快。朋友建议直接坐船去里斯本，去海岸做个日光浴。

她不抱希望地跟着去了，完全没想到阳光那么好，明明是冬日，里斯本却温暖如春。

她当然喜欢葡萄牙，喜欢里斯本，也喜欢欧洲，喜欢伦敦特拉法加广场成群的鸽子，喜欢希腊爱琴海如梦境般的幽蓝，喜欢西班牙加纳利群岛的遥远和神秘，甚至喜欢芬兰那种和气候融为一体的冷漠气质。

但也只是喜欢而已，这块大陆上并没有值得她停留的东西。

所以她带着大西洋上的风、北半球寒冷的雾气、地中海的阳光，回到了自己的国家。

而现在因为他，一切变得不一样了。

抵达位于杜罗河谷的葡萄庄园，帕特里西奥驾驶着四轮驱动，带一姐参观河两岸悬崖峭壁上的梯田葡萄园。

在葡萄园的最高处，帕特里西奥向一姐求婚。

美景如画，帕特里西奥郑重地捧起一对铂金钻戒，许下承诺。

一姐戴上戒指，想起父母质问她的话："葡萄园？那种乡下地方有什么好的？你辛辛苦苦拿了学位，难道是为了种地吗？"

"爸，妈，不是的，我只是追随爱情而来，想要在这片土地扎根。"

一姐的想法无法被爸妈理解。

他们赶到上海，动用自己的关系网，为一姐搜罗相亲对象。

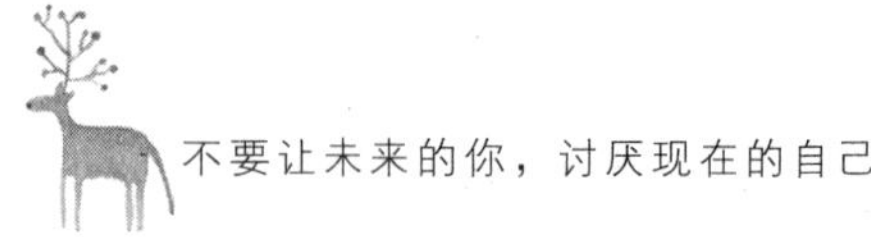

各种手段轮番上阵，有时让一姐订餐厅陪他们吃顿饭，吃着吃着，就会有一场早就安排好的偶遇。有时一起去看画展，忽然发现画廊老板是旧识，于是各自张罗着介绍自己的儿女认识。

真是防不胜防。

当时恰好帕特里西奥回国，一姐一个人在上海苦苦应对，却并不在越洋电话里诉苦。帕特里西奥在电话里热切地诉说着来年婚礼的计划和未来生活的畅想，一姐就笑吟吟地听他说。

“你不是喜欢火红的玫瑰吗？我可以在河谷上开辟一片玫瑰园，到时我们一起在园中漫步，晒太阳，喝下午茶……”

一姐后来说，从干练的职场女强人，变成坐在玫瑰园里喝茶的庄园女主人，对这种身份角色的转变，她一直都没有切肤的实感。但她知道自己想这么做，她爱他，和他在一起，她不会问太多原因，也不害怕未知。去他的土地，去沐浴那里的阳光，她只要想起这件事，就觉得满心温暖。

而对那些动辄资产上亿、名下好几家公司、家族产业庞大的相亲对象，她真的一点感觉也没有。

无关乎其他，只关乎爱情，缘分。

因为一姐父母反对，婚礼拖了三年才举行。

一姐在婚礼上道歉，帕特里西奥只说了一句：“不管多久，我都会等你。”

周围的朋友一开始并不看好这段异国恋，都说两人只不过是图一时新鲜，现实千难万阻，父母、国籍、工作、文化差异，这么多问题需要解决，怎么可能终成眷属。最有可能的结果无非是帕特里西奥玩够了，拍拍屁股走人，回家找当地的乡下姑娘结婚，继承庄园，从此安心地做一个无忧无虑的葡萄牙人，和远在中国的一姐再无瓜葛。

结果却出乎意料。

一姐在葡萄牙过上了幸福的生活。

就像活童话里一样。

第一次，她去葡萄牙，收集地中海的阳光。

第二次，她去葡萄牙，爱上一座城市，爱上一座葡萄庄园。

第三次，她去葡萄牙，爱上一种生活。

你看，追随爱情的一姐拥有童话般的结局。

而总是习惯将爱情、梦想看得太小，将现实放得太大的你我，仍然在苦苦寻觅幸福。

安妮宝贝说，任何一件事情，只要心甘情愿，总是能够变得简单。

就是这样。

如果天堂有颜色

劳拉在去西班牙加纳利群岛之前，重读了一遍三毛的《梦里花落知多少》。

三十多年前，三毛和丈夫荷西住在大加纳利岛上一所临海的房子里，一双男女，在这里相爱，生活。荷西在群岛的西北角做着一份潜水的工作；三毛则在家做家务，写文章。在一起的时间，他们会听海风，赏落日，看星星，有时也拌嘴吵架，生活得很幸福很幸福。

幸福到上天都嫉妒，嫉妒到要亲手收走他。

荷西在西班牙拉帕玛岛海港的一次潜水工作中溺亡时，不过二十八岁的年纪。痛失所爱的三毛在文中写："荷西，这是怎么回事，一瞬间花落人亡；荷西，为什么不告诉我，这不是真的，一切只是一场噩梦。"

劳拉看到这一句，泪如泉涌。

当她抵达荷西溺亡的海港，看着晴空下碧蓝的、曾经吞噬了荷西年轻生命的大海，再一次哭得不能自已。

劳拉那个时候也刚刚失去她的未婚夫。

她的未婚夫和荷西一样，是西班牙人。当然，她和他起初不是像三毛和荷西那样天人永隔，劳拉只是被未婚夫甩了。那个比她大四岁的西班牙男人单方面取消了婚约，给出的解释是，不适合在一起。

这真是一句用在任何分手场合都不会错的话。他说不适合，你问他哪里不适合，你会改。他说，不是你的问题，是他的问题。

很好，这样你就无言以对了。他都承认自己有问题了，并且也不愿意为了你改，你还能说什么？非得逼他说出那句"不爱你"？

劳拉觉得自己还没有蠢到这个地步，于是她没有再追问。

从一开始，周围的人就不看好这段异国恋情。劳拉并不在意，她觉得他们是在嫉妒。她和他的感情这样好，他在这个城市最高的旋转餐厅向她求婚，单膝跪地，求婚戒指上镶着的蓝宝石，像他眼睛的颜色，幽深的蓝，他专注地仰头看着她，那种被爱的幸福感让她置身天堂。

他们并不打算去西班牙生活，因为他来中国已经十几年，工作、事业、生活习惯都早已在这里扎根。但他曾带她去西班牙旅行，去见他的家人。在去巴塞罗那港口的路上，他拥着她说："你知道吗？人们说这里是通往天堂的路，但只要跟你在一起，我觉得哪里都是天堂。"

劳拉笑得很甜，她也这么觉得，巴塞罗那港口的确很美，但更美的是和他在一起的时光。

和他分手后，劳拉努力让自己忙碌起来。每天加班，自己去争取新的项目做，不断约见新的客户，跟着上司到处应酬，晚上回家也抱着电脑改计划书。

拼命地忙工作，为的就是不让自己有时间想他，一想起他，心脏就一抽一抽地痛。她怎么也想不通，他们怎么就分手了？到底是哪里出了问题？两个人感情好得很，一点分手的迹象也没有。即使他不爱她了，也总有个过程吧？

这个疑问一直到劳拉得知他辞掉工作回西班牙时，才有了答案。

周围的朋友都猜测他要回西班牙结婚。

回西班牙？结婚？劳拉不信，他明明说过以后会在中国定居的。他明明刚刚才把她甩了，哪里来的结婚对象？

电话打不通，在他所有的社交账号留言，他都不回；最后，劳拉往他的邮箱发了一封信，信很长，全是劳拉想说而没有说的话。

在信的最后，她说了一句："我不会责备你抛弃我，但你以这样不坦荡的方式离开我，我看不起你，也永远不会原谅你。"

他什么也没有解释，只回复了一句"对不起"。

劳拉很灰心，原来他真的不爱她了，连回国这样重大的决定，他都不肯告诉她。他甚至都不愿意告诉她他爱上了另一个女人。现在，他甚至都懒得解释一句。

爱得浓时，到哪里都是两个人的天堂；一旦爱不在了，她所在之处，就是他避之不及的地方，而他所在之处，就成为她心里的伤。

劳拉还记得西班牙的风景，白色的海滩和蔚蓝的海水，明明买张机票就可以抵达，但她这辈子都不能这样做了。

一天夜里，劳拉在家加班到十二点，心情烦躁，拿出手机刷朋友圈。朋友圈里有她未婚夫在中国的几个朋友，她见过几次，但和他分手后就没再和他们联系。

那天，其中一人发了条状态，看起来心情很不好，但他也没有具体说什么事，劳拉看看也就跳过去了。她觉得自己已经没有立场再对他的朋友嘘寒问暖。

但很快，这个人主动发了信息过来，问劳拉方不方便聊一聊。

劳拉和他一聊，才知道真相。

原来，她未婚夫选择回西班牙，是因为检查出了家族遗传病发作的迹象。据说这种病，有极小的可能会发作致死，但如果治疗休养得当，再活几十年也不是不可能。那个朋友说："他觉得这是说不准的事，他不想连累你的人生，嘱咐我千万不要告诉你，但我觉得你有权知道真相。对不起，擅自做了这样的决定。"

劳拉手指抖了半天，才摁下一条"不，谢谢你告诉我"发过去。

命运弄人，本以为再也不会与那个国度扯上关系。

几天后，劳拉却再一次抵达西班牙马德里机场。

她未婚夫没有什么变化，他暂住在疗养院，看不出得了重病的样子。见到劳拉，他不肯听她说话，只执意要她回去。

劳拉忍住眼泪在病室外面说："你不是说跟我在一起，哪里都是天堂吗？"

"可是我以后只会给你带来地狱。"

"是不是地狱，要由我来决定。"劳拉一字一句地说。

但他仍是坚持，丝毫不肯退让。

她终于还是没有办法长久待在马德里，他顽固地不松口，不愿意娶她。

他的爱只有这一种方式，一心只希望她好。可是他不懂，没有他，她根本好不了。

都以为自己爱得更深，都以为自己的决定是为对方好，结果两个人却像两条无法相交的线，错身而过。

签证到期，她只能回去。

没过多久，他在一次病发后死去，他似乎是早就预知了这样的结局。朋友说，他走得很安详，他终于没有耽误她的未来，也不曾让她为了他奔忙，难过，受煎熬。

但劳拉知道，她永远都不可能忘记他了。以后她再恋爱，再结婚，也不会比从前更幸福了。

数月后，劳拉来到加纳利群岛。她模糊记得，当年荷西死去时，三毛也身在故国，并没有守在他身边。

上天收走你心爱的人时，甚至连告别的机会都不给你。

如今，劳拉来到他的土地，和他告别。

她以前曾和他一起来过这里。她当时说："这是淹死了荷西的不祥的海。”他问：“荷西是谁？”劳拉于是给他讲了三毛和荷西的故事。

他听了这个悲伤的故事，沉默许久，才幽幽说：“假如有一天我失去了你，我不知道会有多难过。但我会想，我们来过这个世界，幸福过，这就够了。”

三毛在荷西死后十二年，追随他去了那个世界。

劳拉知道自己不会这么做。

她只会站在拉帕玛岛上，站在西班牙的土地上哭泣，然后，一点一滴回忆起他们曾有过的幸福。

他曾经说，他来过这个世界，幸福过，这就够了。

如果天堂有颜色，那一定是大海的颜色，他眼睛的颜色，幸福的颜色。

路途笃定不迷茫

在小众经济盛行的今天，王小帅的电影《闯入者》再次受到文艺粉的追捧。

不知道还有没有人记得，他十四年前拍的一部文艺片，演员比现在的更大牌，影片也比现在的影响力更广，几乎没有争议地成为一代人的青春纪念。

一个十七岁的农村少年，在北京找到一份送快递的工作。公司许诺他，他赚到六百块钱的时候，那辆银色变速山地自行车就可以从“暂借”变为他自己真正拥有。他因此每日都非常勤快，可就在梦想即将成真的时候，那部暂借的自行车丢了。

现在的孩子连自行车都不骑了，可能很难体会到这种心情。那是一个把山地车当今天的宝马看待的年代。

有这样一群人，把一天能换好几套衣服的漂亮女孩当作城里人的象征，一天三餐能吃上排骨面、喝上红糖水就满足了。那时候北京其实已经有了奢华的样子，而他只能凭借快递工作的特殊性进出那些高级的宾馆、住宅区。

他有点儿惶恐不安，面对这城市初显露出来的五光十色。不过他不怕，因为他有自己的梦想，那就是拥有一辆真正属于自己的自行车。

仓皇的青春，是车丢了坐在马路边眼里要溢出泪来的无助，是在绚丽的北京夜色中奔跑后急促跳动的心。有的人已经拥有了很多，还在继续拥有着更多；而有的人已经没什么可失去的了，可是还在一直失去。

北京常年灰蒙蒙的天气，正好应了主人公对生活持有的灰色的心。

北京的街头自行车非常多，特别是非主干道的路上、天桥底下，镜头从马路上的混乱车轮往上拍过去，城市里众多各式各色的鞋子、裙边、裤腿，看不见人脸，也看不见那个在自行车上做了记号，淌着泪下决心要把车找回来的男孩子的脸。

他说：“车是我的。”他不知道什么哥们义气，不会讲道理，只认一个理。他从哪里来，为什么要这么辛苦地赚钱。我们一无所知。

当他莫名其妙地被暴打一顿以后，踉踉跄跄地扛起扭曲了的自行车，走过喧嚣的马路，走过众目睽睽的人行道时，我想他的心里，除了无助、茫然，更多的是苦楚。他已经有点儿明白这个社会的潜规则，明白有些艰辛其实是没有理由的。

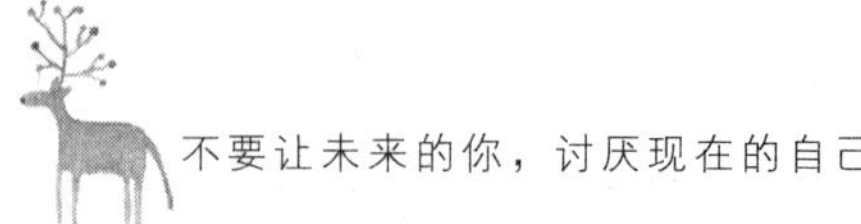

对于苦难的人，仿佛所有的悲剧，都该是你受的，你连反抗的权利都没有。这个现实，多么令人绝望。

你十七岁的时候在干什么？

他也十七岁，没有规整的校服、皮鞋，不能在宽敞的校园里踢球，不能和大多数同龄人一样，上课时睡觉，下了课去游戏厅。他不能骑着自行车意气风发地在路上吹着风，在拐角遇到喜欢的女生。他卑微得，连正眼看女生一眼的勇气都没有。

他没有钱，也没有你们嘴里可以挥霍的“青春”。只有眼泪是他自己的，只有一次一次站起来的力气是他自己的。

红灯过后，直行的路口又恢复了车水马龙。而这座城市的脸，依旧面目模糊。

这样一个看上去很难引起共鸣的人，其实我们每天都能遇到，其实他就在我们身边，其实他就是我们自己。遇到挫折的时候，那个在灰蒙蒙的天空下不知道往哪儿去的迷茫的身影，是我们自己；无路可走的时候，除了眼泪流下来让自己感觉还存在着的那颗心，是我们自己。

他在我们心里，提醒着我们每一个人，只要你还能站起来，走下去——你拥有的，其实已经足够多了。

我的一个好朋友慧嘉，曾经深陷在一场网恋里。

她男朋友对她很好，好到什么程度呢？她考试的时候，每天熬夜复习，男生无论多晚都陪着她，手机永远是握在手里，不小心睡着了一振动马上醒来哄她。

男生曾经一次接了好几份家教，不舍得坐公交车，每天下了课骑自行车来回两个小时，午饭就吃一根火腿肠——都是为了挣钱去看她，带她吃好吃的，去一切她想去的地方，或者让她在想去他的城市时，可以不再因为省钱而缩着腿坐三十几个小时的硬座。

在他俩见第二次的时候，慧嘉有些惊慌地发现，自己十分抗拒和那个男生的亲密接触，无论是接吻，还是拥抱，到后来俩人独处的时候，她都非常的不自然。在网上或者电话聊天的时候，她却可以非常自如或者说非常依赖他。

男生总是喜欢问，你爱我吗？慧嘉总是会不知所措，好几次违心地说“爱”，可是更多的时候，她总是咬着牙一声不吭，或者打哈哈转移话题。

后来有一次，她拗不过男生的请求，飞到他的城市去看他，当然，机票还是那个男生买的。她清楚地记得，厦航的飞机上播着当时很火的一个影片，《海角七号》，没有声音，只有英文字幕。坐在她身边的，是一个十足的小女生，背着一个大大的红色书包，戴着绒线帽子，拿着一本服饰杂志在看。

当乘务员开始挨个问乘客需要什么饮料的时候，那个小女生先要杯热茶水，喝完后又问乘务员要了杯咖啡。当乘务员开始派发食品的时候，小女生拿到点心后还仔细询问有没有米饭。吃饱喝足后，她又叫来乘务员，要来了毯子，拉低绒线帽，沉沉地睡去了。

慧嘉想到了自己。每次坐飞机的时候，她从来不会主动去提什么需求，都是给什么拿什么，正如她在那段爱情里一样。

其实，是不是爱情，她都无法确认。当她再次和一个男性好友提到此事，并苦恼地问什么才叫爱的时候，那个朋友说了一句话：“从你第一次和我说这个问题到现在，已经一年了，你还不能确定自己是否爱他，那为什么还要继续？”

慧嘉后来告诉我，那时她觉得自己仿佛是从一场大梦里惊醒。从刚开始，她没有拒绝过他对她的好，后来，她没有拒绝过他对她的好感、喜欢到爱意，似乎他竭尽全力给自己海水般的温柔，她就

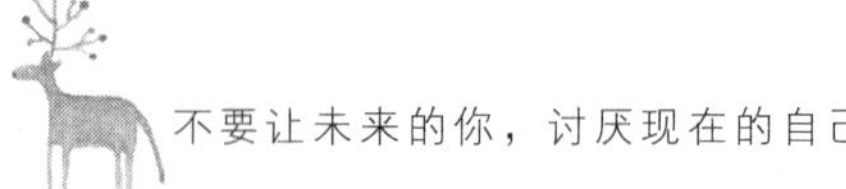

要还他一应俱全的笑容，他为她匍匐了青涩的少年花事，她就要探遍与他有关的信号。

“也许，有些东西，真的伸手就能拿到，可我当时，从来没想过要自己去决定要不要。”慧嘉对我说。

慧嘉提了分手后，男生的情绪特别激烈，也可能是赌气，他以一种非常决绝的方式突然“消失”在她的世界里，根本没有给慧嘉任何想要回头或者做朋友的机会。

这样的“报复”很成功。

因为慧嘉曾经非常依赖他，甚至没有另外的亲密朋友。

从那以后，慧嘉不开心的时候，翻遍电话本也找不到可以肆意倾诉的对象；熬夜复习考试的时候，再也没人陪着她度过那些她困倦得支撑不住的夜晚；无聊的时候，再也没有人一首一首地唱歌给她听，讲笑话逗她开心；做PPT的时候，没有人再帮她找漂亮的图片，帮她调好格式；英语课前，再也没有人帮她写好情景对话的脚本。

她的生活一下子变得步履维艰。夸张吗？一点也不，如果你也曾有过非常依赖的对象，就知道那些习惯一旦被抽离，你很难再一个人面对生活。

大概过了小半年，一天下了课，慧嘉跟老师请教了很久问题，最后同学们都走了，她才一个人收拾东西下楼，突然靴子底一滑，她连人带包一起摔下了楼梯。

她动了一下，脚踝剧痛，楼道里空空荡荡的，也没人经过。她只好坐着把掉出来的书捡回来塞进书包，然后一手扶着墙，一手拽紧楼梯扶手，咬着牙使劲，才站了起来，然后吃力地一步一步往前挪。

等到好不容易回到宿舍，慧嘉才想起来，自己居然没有想过打电话求助任何人，甚至，当痛得走不了路的时候，她也没有无助地坐在地上哭。她知道自己终于“好”了，终于不再事事都依赖人，终于意识到自己以前只是需要一个人的疼爱和呵护，而不是真正地需要他的爱情。只不过这一天来得有点迟，她曾耽误和辜负了一个少年的期望和爱。

不过对于慧嘉整个人生而言，一点都不算迟。东野圭吾说，只要门开着，就不会通向过去。她曾经在分手后自暴自弃，但终于坚强地走过这些路，没有抹过一滴泪，没有俯首称过臣。

在中国的应试教育下，没有多少人在高中的时候，就能想清楚自己未来想要成为什么样的人，但是在高三那个当口，我们却都必须做出一个选择，上什么专业，去什么学校。甚至在高二的时候，我们就必须选择，是学文科还是理科。

文理分科的时候我的想法很简单，我理科不算突出，将来考大学能不能上一本线都说不准，但是学文科的话，我有希望可以去最好的大学。

当时我还得意自己做了个明智的选择，于是高二高三我在相对轻松的文科课程下，真是肆意挥洒青春啊，我偷偷看了一大堆小说，谈恋爱，每到学校组织什么晚会就课也不上，请个假就出去排练节目。反正文科的东西，回来背背就好了。

那时我还年轻，不懂得奋斗是什么，后来工作了知识不够用时才明白，从前偷过的懒，日后总是要偿还的。

正如那句话所说，奋斗就是每一天都很难，却一年比一年容易；不奋斗就是每一天都很容易，却一年比一年更难。

我当时的前桌，是个有点内向的男孩子，每天早上都比我要早到教室学习。他给我看过他的时间表，先背单词，再读语文课

本，然后背政治概念，中午放弃睡觉，做数学练习题，下午课后去跑步。但越是临近高考的时候，他越是烦躁，有时候早自习快结束了，按计划他应该已经背完政治了，但他还在背单词。

“前天下午上完课我准备去跑步的时候，突然整个人一下崩溃了，我不想继续这种生活了，就连迈出一步，无论干啥都好，我也不想了。”

有些人的青春期来得很晚，一旦压力过大，就容易一边因为挫折妄自菲薄，一边又极其渴望尽早冲破当下的桎梏。

后来高考他发挥得很不好，上了一个二本的学校，计算机专业。学这个专业的人都知道，那几年计算机专业很热门，许多人都挤着去学，结果毕业了满大街都是计算机专业的，特别难找工作。他去了一家小公司，所有人包括他加起来也就十来个人，没有专门做清洁的阿姨，他是新人，这些活就都落在他身上。

那段时间，他每天比别的同事早到半个小时，扫地、擦桌子，还要给老板泡上茶。你以为接下来的剧情，是老板给勤奋的员工加工资，或者重用升职。现实当然不是这样。小公司在一年后就倒闭了，结算时连一个月工资都发不出。本来薪水就很微薄，他几乎没有什么存款，只能狼狈地开始找工作，疯狂地海投简历。

“公司要有蹲坑，不要马桶”“要有保洁阿姨”，当时，他找工作只剩下三个要求，这是其中两个。因为有了一些工作经验，他找到了一份网络后台数据管理工作，和他的专业也算是挨得上点边。

“钱多话少死得早”，程序员同行们常常这样自嘲。但他却再也没有像高三那样恐惧过未来。

“虽然对未来的生活依然没有把握，对万事还不能驾轻就熟，但是我知道，现在我做的就是喜欢的事了，排除万难也要继续。”

在一次毕业很久的同学聚会上，他感慨万千地说道。

《爱丽丝梦游仙境》里有这么一个情节。

“前面有那么多条岔路，我应该走哪一条呢？”爱丽丝向小猫邱舍请教。

“那取决于你想到哪儿去。”小猫回答。

“但我不知道要去哪儿。”爱丽丝为难地说。

“那么你走哪一条都是一样的。”小猫答道。

如果我们不知道自己要前往何处，要朝什么方向努力，那么，任何道路就都失去了意义。

对生活的前路不迷茫，其实是一件非常难的事。

有些人摸爬滚打一辈子，都不一定知道自己真正想要的是什么。

等那一刻的“明白”，有时候犹如在餐厅等位，凌晨四点等日出，梅雨季节等衣服干，花点耐心就能等到。但有些时候，就像夏天等落雪，沙漠等甘霖一样，等错了机会就换个时间，站错了地方就挪个位置。

夏天有蝉鸣和晴空，沙漠有孤烟直和落日圆，你也会有自己笃定的事。

人生由你自己来消化

有家我很爱去的二十四小时书店，那里除了有免费阅读区，还有一大特色是墙上贴着的各种各样的“故事贴”。跟大多数奶茶店墙上贴的告白帖不一样，这里每一张纸上都是一个故事，大多是跟无法排解的烦恼有关。

比如——

“三四年前，在一家小公司上班，工资低又总挨老板训，于是辞了职出来开了家精品店，生意一直平平淡淡，日子也索然无味，逮着个人就开始大吐苦水，特别是男朋友，当了我很久的垃圾桶，现在想起来还觉得有点对不起他。后来他受不了跑掉了，我的心情更郁结了，随后我的身体也出现问题，切掉一个卵巢后，母亲的白内障也犯了，我强撑着身体的不适照顾母亲，人生好像到了谷底，我似乎得了忧郁症。”

还有这样的——

“还没拿到毕业证，工作就只能拿实习工资，一天40块，还不如我下班以后在餐馆收拾碗筷赚的钱多。不过那家餐馆盘子都大，一不小心砸碎了一个两个，那天就算白干了。我不想待在这里了，过年回老家就不打算过来了。以前计划是四五十岁再回老家，开个小诊所，我爸是市中医院出来的老医生，最近去世了，我也是学医的，我想把他的诊所开下去。”

我有个朋友，在二线城市一个人们艳羡的“油水衙门”工作，月工资据她透露，比我们这些挣扎在一线城市平均线上的，多了不止一倍。

这样的单位，当然不是喝喝茶看看报就能下班的地方，她也累，好几次晚上快十二点才离开单位，她曾笑言，她是他们单位的“灯塔”，她的办公室熄了灯，单位的灯才算全灭了。

她的年假很少，但是都攒着去旅行。有时候跟最好的闺密去，更多的时候是自己一个人踏上行程，没有一次是和男朋友一起。

我问过她为什么，她说，别人的时间总是很难对得上，有时候很累很压抑，就特别想马上找个别的地方放松一下，不用照顾熟悉的人的情绪，或许还能在旅途中交上一两个合拍的朋友。

“你知道，能够一起旅行的，要多默契才能不‘友尽’。”她摊手说道。

据说日语里有个词叫“成田分手”，就是因为在旅行这种频出状况的高压环境下，不少新婚夫妇蜜月旅行回来，在成田机场就直接分手了。

不管是对于情侣还是对于关系比较好的朋友而言，因为存在情感因素，不能强硬地运用办公室里训练的团队工作技巧，更容易“火星四溅”。

刚开始，她会去一些比较悠闲舒适的地方，比如厦门，在海边踩细沙，听海浪声，到鼓浪屿喂猫，去那些文艺的店铺挑明信片、喝下午茶；或者在丽江，晚上去不同的酒吧喝到不醉不归，白天睡到中午起床，小街小巷都还没什么人，下午坐在小院里晒太阳，过一段不紧不慢的时光；春风拂面的时候到江南走走，听琶音，喝龙井。

如果旅行只是放松，那么就失去了大部分的意义。有一天，我拍了张印有“上班不如种田”字样的搪瓷杯子上传到微博，配文是：下班前一个小时的心情如下。她给我留言：早就是这样了。

“从前以为，旅行的意义就在于给工作减压，回来以后才能有勇气继续为柴米油盐奋斗，后来，每次回来没多久又开始厌倦工作和生活；而且，那种旨在放松的旅行能够治愈的时间越来越短，反而让人产生许多不切实际的幻觉。”她告诉我。

后来，她去了西藏。在出发前，她就想好，不是为了“洗涤灵魂沐浴身心”这种假文艺借口，也不再只是抱着“休息一段时间”的目的。她想走去更远的地方，想看清楚除了美景，旅行还能带给她什么。

在那根拉山口海拔5190米的地方，她喘气已经非常困难，她张开大口吸气，用鼻腔尽量缓慢地呼气。

从来没有一次旅行这么费力过，当她终于到达俯瞰纳木错的制高点，看到碧蓝得仿佛调到了最高饱和度的湖水，在洁白得一尘不染的雪山下静静躺着的时候，她说，她突然明白了康德所说的，人的意识和整个外部世界，以及一切经验与一切事实，都完全从脚下扫除干净了。

我们有什么可依附或坚持的东西？工作，薪水，还是不得不拿出时间和精力维持的社交？不，这些都不是我们精神的支柱，而且恰恰是这些东西，让我们无处安放的灵魂和梦想日日在空中游荡。

为外部活得久了，容忍曲线就容易走低，领导满意你的工作，同事们都还挺喜欢你，薪水加得频繁，生活到这里，肯定还不错，根本无法解释你内心充满厌倦的原因所在。

人可以凭借自己的努力和毅力去达到某个高度，但是有些东西，是无法靠自己去完成自我掌控的，比如性格。

性格之于每个人，不是依附着随心所欲形成的东西，而是有另外一套意志力支撑的小铁人，在我们不断塑造“它”的时候，也是在用个人的意志、理性和同情心去和我们的自私、懦弱、傲慢做斗争，这一过程，我们没法自己完成，必须要通过外部援助。

有一天她告诉我，她也去过那家二十四小时书店，也喜欢那些墙上的故事帖，但她更喜欢去翻看那些关于个人旅行的足迹故事——

1

“我去过最远的地方是非洲，正如我们普通人的印象中西藏是强光、干燥和飞沙走石，非洲之前在我的印象里是沙漠、骆驼、烈日和黑人。当然，网上也有许多信息揭露在非洲工作是多么‘非人’的生活，我没有亲身经历，只是作为一个游客，我感觉还不错。遇到过一个当地司机，五十多岁的样子，他载我们去了很多地方，每到一地他都兴致昂扬地给我们介绍当地的风光。我们问他：‘总是重复这样的路线不会厌烦吗？’他说：‘你们不知道我做这份工作有多开心，天天都和大自然打交道，每一次再到之前去过的地方，总能发现一些不同的景致。人生处处都是惊喜，还有更好的生活吗？’”

2

“去年年底，我结束了研究生入学考试，为了这次考试，我耗尽了所有的精力和期望去复习，不敢想象如果落榜了会怎样，或许会直接去找工作吧。在那之前，我想计划一次旅行，就当作奖励自己那场旷日持久的战斗。

“订了去香港的机票，但是临时航空公司给我打电话，说系统出了错，那趟航班其实早就满员了，我只好飞去了大理。古城、桃溪谷、沙溪、双廊、诺邓，我从来没有见过这么美的地方。

“我住的小旅馆，有点破，有点挤，但住的都是天南地北的年轻人，我还做了一小段时间的义工，为的是遇见更多不一样的朋友，听更多在家听不到的故事。那段时光，无论天地山川，还是相关的无关的人，都在回应给我正能量。我打定主意，回去以后，如果没考上，我就再考一年，绝不为失败而仓促地去选择一份不喜欢的工作，学术才是我最想走的道路。”

3

“自从打定主意要离职，就没等到年末，反正我们公司也没年终奖。大年三十，我在越南河内的火车上度过，车厢里哐当哐当响着的，都是破落的孤寂。下了车，路上的摩托车流汹涌如蝗虫，两旁是五光十色的店铺，女孩子最喜欢了，但是又怕被宰被骗。在火车站口东瞄西望，瞅见俩差不多年龄的姑娘，上前一问，嘿，果然是中国人，于是决定结伴同行。

“我们在热火朝天的食肆里，和那些裸露着膀子的男人们一样，随便坐在路边，吃烧烤、喝冰饮料、吃粉。有种叫‘蘸酱鱼露’的调味料，闻起来又腥又臭，我们捏着鼻子蘸了送入口，舌尖却萦绕着一股说不出的鲜美。因为那碗鱼露，我们每个人都吃了好几碗海鲜。因为计划的旅程不同，我和那俩女孩第二天就分道扬镳了，她俩走时还给我打车的十一万越南盾，说真的我都差点忘了。”

4

“我和老婆打算国庆节骑行去山东烟台玩，从北京出发，沿着国道省道，全程七百五十公里，计划四天完成。当时想的是，吹着海风，奔跑在宽敞平坦的马路上，身边还有最爱的人，实在是件很享受的事。

“第一天确实很兴奋，我们看到了天津漂亮的白塔，圆锥造型的旗杆，不过体力消耗太大，晚上睡觉的时候疼得不敢翻身。第二天早上我们顶着三四级风骑了大半天，两旁都是海，感觉像在海中间骑行，一路有海鸥相伴，下午骑进了一条笔直的路，原先设想的那种公路上骑行的自由畅快感觉只有一小会儿，很快感觉到意志受到了严峻考验，因为骑了很久，我们眼前始终还是这条直直的公路，甚至路边的树都长得一模一样，很让人崩溃。

“最令人感慨的是在东营看到的黄河入海口，以前在兰州见到的黄河，因为是源头，水量很少，这里就不一样，入海口处黄河骤然变宽，真有种小学课本中说的‘奔流到海不复还’的气势。最后快要到达的时候，我们的屁股上磨出了硬结，用如坐针毡来形容一点都不过分，但是我们不敢停下来，怕再次骑上去会更痛苦。

“这是以前我想都不敢想的事情，现在我做到了，而且此行让我们夫妻的感情更好了。半路上我右腿肌肉其实已经拉伤，钻心的疼，那段夜路是老婆在前面打了很长一段路程的前阵，我盯着她车上的小小红色青蛙灯，知道我必须坚持下去，那就是我的动力。”

旅行的真正意义是什么呢?

你不断遇见的未知的事物、未知的困难、未知的人，都将不断地观照你的内心，你的缺陷会在不断被冲击中放至最大，你无法再像平静生活里那样自欺欺人。那些事，那些人，或许会给你片刻欢愉，给你自由的感觉，但最重要的是丰富你的个性，回来的时候，你不会依然故我。

时间不能治愈的，让旅行去解决。

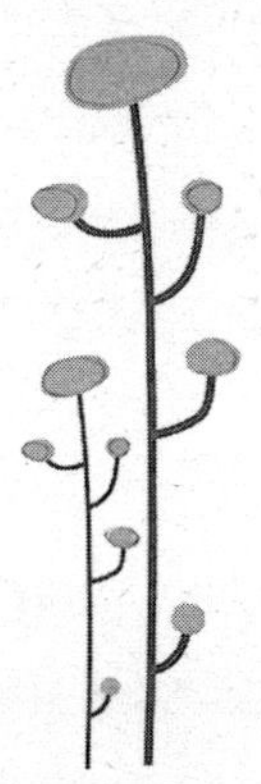

PART 3

活着，就要热气腾腾

人心的坚强，超乎想象

那真是她一生最艰难的时期。

她一手打造的时尚品牌，因为门店扩展速度太快，资金周转遇到问题，又遭遇合伙人反目，最终只能早早卖掉收场。

她那时怀着三个月的身孕，在心力交瘁之下流了产。

而她结婚五年的丈夫，却在这时爱上了另一个女人，离她而去。

她的父亲，在这段时间检查出晚期癌症，她拿出全部积蓄，把他送进最好的医院，但她父亲只熬过第一次化疗，没多久就去世了。

她母亲伤心过度，一味地哭。她没有兄弟，只能自己咬着牙，拖着刚流过产的身体为父亲的葬礼奔波，来不及悲伤，也来不及软弱。

等到葬礼结束，她才终于感觉到铺天盖地的痛苦和绝望。她不明白自己的人生怎么就走到了今天这一步。此前，她在国际上拿了设计奖，一手创立了一个风靡一时的品牌。她还有一位出色而温柔的丈夫，恋爱七年，结婚五年，幸福得以为一定可以白头偕老。而父母也还不老，她觉得自己还有足够的时间和能力孝顺他们。

谁知道，这耀眼而美满的一切，坍塌起来只需要一瞬。

想死的心情时刻缠住她，有时开车，她会想随便撞上哪辆车，来个干脆利落的结束。她也很想大病一场，最好病得再也不会醒过来。但她还得照顾母亲。

幸好她还得照顾母亲。

她把母亲接到身边，卖了老家的房子，开了一家小小的设计师事务所，重新开始。起初只有她自己一个人，靠着以前的人脉，勤勤恳恳，从小活开始接，做出一个又一个出色的设计，慢慢打开市场。她不信命，她到底是拿过国际大奖的人，不擅长开拓品牌做大生意，至少干回本行没问题。

逐渐地，她招到了第一个员工，第二个员工……事务所的规模大了些，开始有能力接到一些大单。

终于她有机会参加一个体育赛事的设计项目，这是个大项目，不仅收入颇丰，还能够赚来好名声，她很想拿下。她带着几个设计师夜以继日地赶稿，最终靠实力拿下了那次竞标。拿过国际设计大奖，见过许多世面的她，在那一刻居然有点控制不住情绪。回到事务所，她买了香槟和大家一起庆贺，举起杯，她没说场面话，只说这个项目的款项收到后立刻就给大家发奖金，并且附加出国旅行的福利。

所有人都欢呼起来，说："你不一定是最棒的设计师，但绝对是最棒的老板。"她一口酒喝进嘴里，眼中却落下泪来。

眼泪掉下来，就再也止不住。她坐下来，起初双手掩面，后来索性像个孩子一样，号啕大哭。

自从事业失败、流产、离婚、父亲去世以来，她还没有认认真真哭过一场，并不是不心疼自己，并不是不痛苦，只是不知不觉就撑过来了。但那天，因为同事的一句话，她想起自己的悲惨遭遇，想起自己一直以来强撑的坚强，终于哭得不能自已。

前路依然未知，她的事务所仍然很小，随时可能被竞争对手挤垮；她的母亲年纪越来越大，身体越来越不好，能够与她相伴的时间越来越少；她还没有重新找到爱情，还没有得到再一次拥有家庭和孩子的机会……

失去的一切无可挽回，她再也不可能回到从前，甚至，她的未来也不一定能够比现在更好。但她知道自己不会停下来，哪怕前路荆棘满布，她也会继续走。

乔乔在如愿以偿得到出道以来的第一个奖——最佳新人奖的那一天，在领奖台上哭了。

从小没有爸爸，和妈妈相依为命，单亲家庭，家境又不宽裕，乔乔很自卑，自卑得都不敢打扮自己，留着学生头，穿着学生服，就这样清汤寡水地度过了青葱岁月。

自卑的人容易招来欺负。那个时候，学校里有几个不良少女，总为难她，在放学路上常常堵着她要零花钱，差遣她恶作剧，害她被人骂。乔乔每天去上学，都心惊胆战，走在路上，每一步迈出去，都想收回来。她很想逃跑，想翘课，但想到妈妈供她上学的辛苦，她硬是逼自己天天去学校。

每天她都在努力学习和应对不良少女的纠缠中度过。她来不及去思考自己的处境，只知道要拼命念书，不能辜负妈妈的辛苦。

高中毕业，她考上了一所不错的大学，妈妈却在她入学之前一病不起。医生告诉她，这种病很难根治，需要长期吃药，恐怕以后她妈妈都不能再工作了。

她以为是因为她们付不起医药费，医生不给治，就疯了一样给医生叩头，说我以后会挣钱还给你们的，求你们救救我妈妈。她把额头都磕出了血，把好几个医生护士都惹哭了。

妈妈辞了职，在家养病，她床前床后伺候着，直到妈妈能够下床活动。

因此她晚了两个月入学。申请了助学贷款，自己的生活费，妈妈的生活费、药费，全都她靠自己努力去挣。她几乎什么兼职都做过，家教、发传单、去超市做促销，因为身材不错，长得好看，她还兼职做过会场的礼仪小姐。后来她发现礼仪小姐这一类兼职挣得比较多，就有意往这方面留心。

一次，她偶然得到一份平面模特的拍摄工作。那是一家时尚杂志社策划的一个关于女大学生的专题，需要一些大学生模特，她是其中之一。拍出来效果很不错，从那以后，这类工作越来越多，乔乔逐渐接触到时尚圈、影视圈，也终于意识到自己有当明星的条件。她当时唯一的想法是，当明星挣得多，等她有钱了，就能让妈妈得到更好的治疗。

娱乐圈的潜规则她遇到过，试镜几十次，一次也没成功的经历她也有过，不适合当明星这种话，她也不知道听人讲过多少次，但她想到妈妈，都咬牙挺了过来。

她倔强到近乎顽固地努力着，去试镜一支广告，梦里都在念台词。

她终于拍了第一支广告，演了第一部电视剧，尽管只是配角，也逐渐有了名气，有了粉丝。

如今，她拿到最佳新人奖，手中有了下一部片约，活动、节目、采访，日程排得很满，她还为妈妈请了专门的护理师，幸好妈妈的病情也没有再恶化。

以后再怎样，那是以后的事了。至少，她哭着回望这么多年的辛苦时，觉得真的没有白费。

或早或晚，人生最艰难的时刻总会到来，也许童年灰暗，也许青春疼痛，也许顺风顺水时突然跌入低谷。再顺遂的人生，亲人也

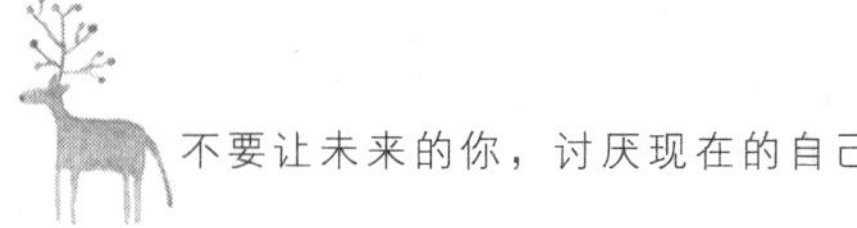

总有一天会离世，事业总要遇到挫折，最爱的人也终究离散。

所以，《这个杀手不太冷》中那个被父母虐待的小女孩玛蒂尔德问杀手莱昂“人生总是这么痛苦的吗？还是只有童年痛苦”时，莱昂回答她：“总是这么痛苦。”

很悲哀的结论，却很真实。

糟糕的时候过去了，更糟糕的时候也许还会到来。但人心的坚强，也永远超乎你自己的想象。

有时，你可能脆弱得一句话就泪流满面，有时，你发现自己咬着牙走了很长的路，等你回过头去看，都会被自己感动。

愿你终有一日会被现在的自己感动。

安详而又自足的光芒

有人说，每个人的一生都会遇见三个人，第一个是爱你的人，第二个是你爱的人，第三个是和你相爱的人。我深以为然。

在第一个人那里，你会尝到被爱被呵护的滋味，认识到自己的优点和魅力，却学不会珍惜，学不会体贴和理解。

在第二个人那里，你学会了珍惜，学会了体贴和理解，却尝到了痛苦的滋味，煎熬的滋味。你第一次知道，爱情原来并不那么美好，它会让你自卑、笨拙，一无是处；会让你食不下咽，夜不能寐，让你因为他而身处地狱，却天真地盼着他化身为天使来拯救你。

在第三个人那里，你尝到安稳的滋味。你终于不再强求，不再伤害对方也不再伤害自己，你成熟到懂得用最好的方式去爱他，也成熟到能够安然接受他的离去，你不再为了爱要死要活，而是学会了顺应生命的际遇。

最好的爱，当然是第三种。可是，让所有人刻骨铭心、念念不忘的，却总是第二种。

你深爱过的那个人，那段时光，就像一个你逃不脱的蛊，囚禁着你这一生最好的年华，每每想起，总带着切肤疼痛。

你还记得吧？你和他分手的时候有多憔悴，你本来身体就弱，我们都担心你真的会撑不下去。

我们去你家，陪你说话，希望你大哭一场，冲我们发泄。可你只是苍白着一张脸，翻来覆去地说着关于他的事，说着说着，还总是忽然停顿一下，喃喃问：“他怎么就舍得和我分手呢？”

他当然舍得啊，就像你当初舍得和爱你的那个人分手一样。可你那时根本听不进去。你执迷不悟，沉浸在自己的悲伤里，眼里容不下任何人。

那时他是大学校足球队的主力，踢球的时候，帅得一塌糊涂，每天都有成群的女生去操场看他练习。你是这群女生中最努力接近他的那一个，你每天买三瓶水，三块毛巾装在包包里，为的是随时能给他递过去。你利用和他同一个系的优势，得知许多关于足球队的最新消息，你主动为他的足球队画宣传海报，他比赛时，你替他的球队把一切后勤打理得妥妥帖帖。

后来，他习惯了你的存在。你们经常出双入对，周围的人都默认了你们的关系。你没理会那群气炸了的女生，就算她们处处为难你，你也完全没放在心上。能够走在他身边，哪怕受再多委屈你也是愿意的。

你就像一条失去了水的鱼，学会了陆地的生存方式。你走在他身边，不求他像你对他一样，倾其所有，只盼着他偶尔施舍给你一滴水，让你活得不那么焦渴。但你是否知道，鱼儿在陆地上生存是什么模样？你那段日子一点也不漂亮，你当然会为了他每天都化妆，穿漂亮衣服，但我们都不觉得你漂亮。你整个人都失去了血色，眼底干涸，皮肤粗糙。

这一场爱情并没有滋养你。你每次拿着手机翻来覆去地看时，我都问你他又说什么了，你说他什么也没说，只是对你发过去的“晚安”回复了一个“嗯”字，或者一个“哦”字。你高兴地说，他以前都不回我呢，现在终于开始回复我了，哪怕只是一个“嗯”字或者“哦”字呢，至少他开始回复我了呀。

你的视线没有离开手机，所以你不知道当时我的眼神里全都是对你的心疼。

他常常因为打游戏而忘记和你的约会，也会为了期末考试而好几天不和你联系，却会在他感冒不舒服时理所当然地支使你，在有事情需要帮忙时打电话给你，完全不管你忙不忙，是否有空。

而你，当然是没空也要挤出空来。

这场恋情在你拼死拼活的坚持和努力下，撑到了毕业。他签了一份还不错的工作，在他的家乡。而你签的工作更好，是一家很知名的外企。他回家乡的城市工作，你跟着去了，没让他知道关于外企的事。你早已暗地里在他的城市里找了另一份工作。真是用心良苦。

然后，他在职场，遇到了他爱的人。

这回，轮到他患得患失，要死要活，尝试煎熬和痛苦的滋味了。但那与你无关，你只能灰溜溜地离开。

四年的付出，换来这样的结果，你当然会想不通。

但你记不记得，当初爱你的那个人，也是像这样被你随手丢弃，像丢弃一块随手捡来的石子？

这不是报应，而是，我们都需要经历这样两个人，爱你的人，你爱的人，才知道爱是怎么一回事。单方面的祈求，终究是要落空的。

爱是两个人最亲密、最完整的一种互动。

现在的你应该已经明白了，因为你终于遇见了相爱的人。

这并不容易。刚失恋时，你简直不相信这辈子还能再谈一场恋爱。你不相信任何一种诗意的说法，如在时间无涯的旷野里，有一个命中注定的人正在向你走来。

你说，怎么可能。

等到你终于不再把自己关在家里，已经是半年之后了。你开始好好吃饭，去健身房跑步。支撑你这么做的理由是，有一天你和他重逢，你绝对不要让他看到你悲惨的样子。你要变成最优秀最美的女人出现在他面前，让他为当初抛弃你而后悔。

然后，你在健身房遇到了那个命中注定的人。你忽然发现，原来彼此相爱是这么美妙的事。你不需要再去解读他的一举一动，研究他的每一句话，每一个眼神都有什么含义。你不会再因为他偶尔和你说了晚安而惊喜不已，然后立刻又想这是不是只是他的心血来潮，接着你又开始为他不再和你说晚安而沮丧失落。你不再觉得他对你好是一种恩赐，你必须匍匐在他脚下感激涕零。

你现在明白了，爱情是一件多么自然的事，你只是想要对他好，并不祈求回报，而他也会同等地对你好，同样不求回报。你们很契合，可以聊很多，也可以一起保持沉默。你们也会有矛盾，有时候心平气和地沟通，有时也你来我往地吵架。你有时吵完一架，倒并不生气，而是感慨，从前你爱他时，有委屈就生生咽下去，连架都不敢跟他吵。

我问你还要不要让他为了抛弃你而后悔。你说，无所谓了，他一定也会在他爱的人那里溃不成军，伤痕累累吧。

如今你和恋人，生活在一起。他有他为之奋斗的事业，你有你为之努力的工作，你们会一起做饭，一起开车数小时去寻觅一处好吃的餐厅；会一起去旅行，一起尝试去做很多新鲜事；一起养一只猫，一条狗；一起勾勒属于彼此的未来。你们的生活里有爱，有诗意，所以你不再在意过去的伤痛，也不再恐惧很可能再受一次伤的未来。

我告诉你，现在的你真好看。你说，哪有，你笑起来时，眼角都开始有细纹了。我说，真的，很好看，你整个人都散发着光芒。

那是你跌跌撞撞、磕磕碰碰之后终于找到栖息之地的时候，由内而外散发的安详而又自足的光芒。

唯有自己不可辜负

刚从泰国回来，艾米就约我去南锣鼓巷泡吧。

她点了螺丝起子，我点了莫吉托。

酒吧里有歌手驻唱，一男一女，唱的都是伤感的歌。

艾米垂下眼，搅动那杯人称“少女杀手”的鸡尾酒，说，大家都是来买醉的，所以酒吧的歌手总是唱着悲伤的歌。

我闻着莫吉托沁人心脾的薄荷气味，光是点头，不知该说些什么。关于她去泰国之后的经历，她不提，我也不敢问。

酒吧里吵得很，可见她约我来这里见面，不是为了倾诉。

一个月前，艾米去了泰国。

也正是在一个月前，艾米的男友甩了她，赴泰国清迈做交换教师，时间是一年。

艾米怎么也想不通被甩的理由，男友没有给她质问的时间就上了飞机，她联系不上他，也等不到一年之后，于是决定去清迈找他。

从眼前艾米这副垂眸不语的表情中，我大概猜到了事情的结局。

她和男友二人，美女配帅哥，双双走在校园里时，回头率颇高。

周围的朋友都说他们十分登对。

只可惜所谓登对，永远是别人眼中的风景。感情，总是如人饮水，冷暖自知。

恋爱中的艾米智商下降，痴心一片，而男友对艾米的不满却越来越多。

譬如，他嫌艾米不够聪明，没有自己的爱好，也嫌她不上进，说她是个光有容貌，没有理想、没有自我的花瓶一样的女人……

男友在大三的时候，争取到了去香港当交换生的机会，因为要分开一年，艾米很不高兴。男友一句安慰的话也不说，只问她毕业后有什么打算。

艾米撒娇说："我跟着你，你去哪里我就去哪里。"

男友报之以冷笑："那也要你有本事跟过去。"

艾米的确没什么爱好，不够聪明，也没有什么想要实现的梦想，可是，这些都是不能原谅的缺点吗？艾米不明白，她是个女孩子啊，难道不是天生就该被宠爱、被保护吗？

"我不想跟一个和我没有共同语言的女人共度一生。"这是男友分手时给出的理由。

足够斩钉截铁了。而追到清迈想要一个解释的艾米，或许真的是不够聪明。

“以后我要找一个喜欢漂亮女人的老公。”艾米不甘心。

我很想提醒她，“对女人而言，漂亮的保质期有多短你知道吗？”

张爱玲看得透彻：对于大多数女人，爱的意思，就是被爱。

女人总是容易像藤蔓一样，依附于其他东西生长、生存，遇到好男人就幸福，找到坏男人就伤痕累累；他爱你时你就貌美如花，他不爱你时，你就一文不值。

但你若没有一颗足够撑起自我和骄傲的内心，你若辜负时光、辜负自己，你若不能在人世浊流里像一棵树一样坚韧站立，又怎么可能看见命运终点处的朗朗晴空？

叶子和艾米完全相反，是一个相当能折腾自己的女孩。

大学四年，她学美术，学设计，学跆拳道，自学炒股，去校新闻中心实习，去省报实习，去电视台实习，忙得不可开交。作息表贴在床头，密密麻麻一张纸，我看着都头晕。

毕业后，她进了京城一家很大的报社当记者。

她没有细说求职过程，但我知道，大学刚毕业就能结束实习期当上正式记者，这背后不知需要付出多少努力。

报社待遇优渥，叶子又是个十足的工作狂，为了找到更厉害的采访对象总是不遗余力，甚至干过蹲点、跟踪这种事。采访多，报道多，独家新闻多，自然名利双收。

父母很满意，她自己也很满意。

但过了一年，她开始不满意了。报社的条条框框很多，叶子觉得很受限制，不能尽情做自己想做的事。她有时看着总编已经开始花白的头发，想着，难道我就这样过一辈子？不断地采访，采访，为了有朝一日当上总编？

不顾父母的反对，她辞掉了这份人人艳羡的工作，从零开始，自学金融。她说自己终于想好了，进入金融行业，每天和钱打交道才是她的梦想。

听了她的说法，我表示十二分认同，毕竟她从初中就已经开始摆地摊，高中就已经在用自己的压岁钱炒股了。

从叶子进报社开始，她指导的一个后辈就一直追求她。叶子辞职时，后辈很支持，他说自己会继续留在报社，好好赚钱，当她的经济后盾。

叶子很感激，但这是她自己选择的路，她不想依靠别人。她靠着偶尔的打工收入，再加上之前的存款，就这样勉强度日。

她每天去大学、图书馆自习，一边考CFA（注册金融分析师），一边考雅思、托福。那几年，她几乎每天都在昏天黑地的学习、考试和打工中度过。

每次回家，家里的亲戚都会问，在哪工作，赚多少钱？以前她据实回答，都会引来众人一片啧啧赞叹。如今她据实回答，亲戚们都摆出一副遗憾的表情，同情地说：“要不要我给你介绍工作？”

叶子每每脸上笑着，却在心里咬牙切齿，把这份屈辱尽数化作学习的动力。

终于通过考试，她开始疯狂投简历面试，最后百里挑一地选中了一家高大上的证券公司入职，为的就是在那些势利的亲戚面前扬眉吐气。

创业，去美国读EMBA（高级工商管理硕士），已经是三年后的事了。

在这三年间，叶子换了五份工作。

所有人都觉得，这个女孩太能折腾了。她到底要什么？想做什么？

叶子说："我自己也不知道。但是，没关系，我还年轻呢。不趁着年轻时多折腾，多摸索，多试错，找到自己真正想要的东西想做的事，难道要等到老了再去后悔？"

叶子不害怕从零开始，从头再来。

在和上司拍桌子大吵一架，辞掉第五份工作后，叶子终于醒悟自己不是老老实实上班拿薪水的那类人，于是着手开始创业。

找点子，找人脉，找伙伴，找资金，她再一次忙得不可开交。等到公司终于注册成功，叶子才第一次体会到幸福感和满足感。

此时已是她老公的后辈从报社辞职，担任公司CEO，全心全意为她的梦想和事业出力。叶子去美国读EMBA时，公司全都是老公在打理，业务蒸蒸日上，她放心得很。从美国回来后，她怀孕生子，在事业和家庭间转换自如。

今年，她说要去创业国度以色列进修，回来打算扩张公司。

人人都说她成功了，很厉害，我却一直记得她一无所有的那几年：她每天硬着头皮读英文原版书，遇上不认识的专业词汇，就上网挨个查；得不到父母支持，被亲戚鄙视，被周围的人嘲笑，被人说"绝对不可能成功"……

没有人天生骄傲，天生就能绽放光彩。

拼命向着阳光生长

他那年刚满十九岁，每天凌晨三点起床，骑自行车去送早报。

夏日繁星点点的夜空下，冬日呵气成冰的空气里，下着瓢泼大雨的凌晨时分，从来不曾有一天间断。

就算发着烧，他也会挣扎着爬起来，摇摇晃晃去送报。有一次，他在街道拐角处摔了一跤，幸好是凌晨，过往车辆不多，他就那样瘫在地上，等缓过劲儿来，就重新爬起来，扶起那辆不属于他的送报自行车。

这样的日子，他也没有太多不适应。反正自从父母早逝，被家境并不宽裕的伯父收养后，他就过惯了苦日子。考上大学后，伯父无力供他全部学费，他只好自己供自己上大学。也因此，他没办法和同学一样，喝酒，交女朋友，结伴去旅行，或者闲来无事才去打个工。他必须从早到晚，打三份工，才能勉强养活自己。

晚上的打工，到夜里十点才结束，而早上这份工，凌晨三点就得起床。忙完之后，要么去上课，不上课的日子就接着去花店打下一份工。他每天忙得连轴转，根本没时间交朋友，也没时间打理自己。

乔丹说，他知道洛杉矶每天凌晨四点的样子。他在新闻里看到这句话，第一反应是自嘲：“我知道这个城市每天凌晨三点的样子，那又怎样呢？人生仍然灰暗得看不到一点希望。”

送完报纸，他习惯去街角一家营业到早上的小店吃早餐。他自己带的吐司片，麻烦老板做成三明治。老板每次端出来的，都是细心切成小块而且赠送了鸡蛋的三明治。他低着头吃，不多说话，是一副畏缩惯了、自卑惯了的神情。

第一次遇见那个漂亮的女孩，也是在这家店。

女孩在五点一刻走进来，和老板笑着打招呼，看他在吃三明治，说她也想吃。老板很遗憾地告诉她没有了，三明治是这个男孩自带的。

他听了，犹豫着把盘子朝她那边推了推。

她很开心地笑了，拿起一个塞进嘴里，鼓着腮帮子连声赞好吃。

从那以后，女孩几乎每天都会在五点一刻走进店里，也自带吐司片，要老板帮忙做成三明治，然后坐下来和他一起吃。

起初他很奇怪，怎么会有女孩子这么早来吃早餐，不管是上学还是上班，都不需要这么早起床吧？后来从老板那里得知，原来她是一个刚出道的偶像明星。

每天很早起床，大概是为了保持身材去跑步，要不就是去练功房练声、做形体练习吧。

他想，还没什么名气，她应该也很辛苦吧。

但她每次出现，都是一脸阳光灿烂，和他有说有笑。听说他每天打三份工，还夸他努力，听他讲打工的一些趣事，笑得前仰后合。

他爱上了她。就像一株生长在阴暗墙角的杂草，爱上了阳光。

他不是不敢表白，而是不能。他能给她什么呢？除了每天吃早餐的这一点点时间，他没有其他时间可以给她。除了请她吃几个三明治，他没有余力再付出其他。除了几句口头上的鼓励，他不能给她的明星梦提供任何帮助。

他活得自顾不暇，根本没有力气去爱。

他活在自己坚不可摧的自卑里，不敢对她好，刻意和她保持距离。却不知道她其实也爱上他了，就像阳光爱上了一株拼命向上生长的瘦弱杂草。

一个没什么名气的偶像，当然很辛苦。但她只要一见到他，就能忘记所有辛苦。从他身上，她可以得到无穷的力量。他的境遇明明要艰难得多啊，但他还在拼命努力，她觉得自己实在没有资格说辛苦。

他以为她要的是所有女孩子在一段关系中想要的那些，陪伴的时间，金钱，实际的帮助，至少，要一个能够带出去炫耀的男友。而他什么也没有，配不上她，配不上爱。

他不知道她要的如此简单，唯有他这个人而已。

他自以为除了此身此心，一无所有，却不知道此身此心在她眼里已是最大的珍宝。

她觉得很奇怪，明明两个人很要好，聊起天来也很开心，但是他的态度总是不冷不热，甚至还经常对她表现出不耐烦。

难道他讨厌我吗？但是他仍然每天都去那家店吃三明治，应该是不讨厌我吧，或许他只是不善于表达？她心里想着这些，七上八下，却也不敢向他确认。

有一天，经纪人把行程弄错了，她有了一段空闲的时间。

她忙碌惯了，突然闲下来一时之间不知道要做什么，就在路上闲晃，忽然想起他的大学就在附近，于是决定去学校找他。

虽然她名气不大，但毕竟是在电视上露过面的人，在向人打听他的专业在哪里上课时，她被人认出来了。周围的人一下子围了过来，要和她合影，找她要签名。她笑着一一答应。

这时，他正好从图书馆出来，看到这一幕。她抬起头，也正好看到他，于是开心地招手，叫他的名字。

围在她周围的人视线一下都转向他，他站在那里，被她和她周围那一群人注视着，感觉浑身不自在，他皱着眉，也没敢回应她的招呼，扭头就走了。

她站在那里，手尴尬地停在半空，觉得一颗心忽然间就凉透了。

她不是盛夏的骄阳，充其量只是冬日的暖阳，当那样的阴暗和冷漠侵入心底，她也温暖不了那种巨大的寒凉。

那天以后，她再也没去过那家店。

再后来，她逐渐有了一些名气，报纸上说，因为她攀上了一位有名的制片人，受到提拔，所以星路亨通。

他一开始不信，直到报纸登出她和一个四十岁男人手牵手的照片，他才信了。

他意志消沉地坐在店里。

老板说："你要是喜欢她的话，就去向她表白。"

他一脸阴沉："比起我这种一无所有的穷小子，当然是那种有钱有势的男人更好。"

老板第一次发了脾气，说了重话："你要是觉得她是这种女人，那我会庆幸她没有选择你。"

像是被老板的话踩到了痛处，他觉得自己的心一下子揪了起来。

他转过头看见，隔壁的座位空空荡荡。他记得每次她走进来，都理所当然地坐在那里，明明店里还有其他座位。

她每天都在五点一刻走进来，是因为知道他在啊。

可是以后，她再也不会出现了。

他终于又惭愧又悔恨又伤心，坐在一盘三明治面前痛哭流涕。

一株长在阴暗墙角的杂草，要怎么去爱阳光呢？只能拼命向着阳光生长吧。可是他不仅没有拼命生长，反而甘愿停留在阴暗之处，用他的冷漠扑杀了阳光。

一缕微弱的阳光，要怎么去爱一株阴暗之处的杂草呢？只能拼命让自己更温暖吧。可是她也没有拼命，她只是在触碰到坚硬的寒冷之后，转而牵起了另一双温暖的手。

所以他和她，都只能眼睁睁失去彼此。

看见自己要走的路

毛毛一直觉得，拉斯身上有一种很特别的气质。

有一次周末，毛毛约了他去泡咖啡馆，约好的是下午两点，她自己却迟到了，两点一刻才急匆匆下地铁。她正火急火燎地跑向地下通道，却看到拉斯穿着大短裤，坐在地上，倚着墙悠闲地在玩手机游戏。

毛毛停下来，远远看着，脑子里冒出的第一个念头是：地上难道不脏吗？看了半晌，她又觉得他那副席地而坐没正形的样子，简直像一个经验丰富、哪里都可以为家的流浪者。经过他的人都瞟他一眼，露出或惊讶或嫌弃的神情，他当然毫无察觉。

拉斯从以前开始就是一个不太在乎别人眼光的人。

大二的暑假，他一个人去南方旅行，辗转到了某个不知名的小城。在小城充满20世纪90年代风情的街道上闲逛了半日，他遇见了一个卖艺的中年男人。

那人四十岁左右的年纪，留着蓬乱的胡子，浑身脏兮兮的，弹一把破旧的吉他，嘴上还叼着一把口琴。

拉斯在旁边听了片刻，来了兴趣。上前聊了一会儿，中年男人就将手上的吉他递了过来。就这样，拉斯弹吉他，男人吹口琴，路人看到这一对奇妙组合，纷纷驻足。

短暂的合作很愉快，拉斯的加入给中年男人增加了不少收入。收工时，男人从吉他盒里抓了一把纸币，要送给拉斯。

拉斯没接，嘻嘻一笑，转身走了。

还有一次，也是暑假，他去西藏。说好一星期左右就回来，结果一个月过去了，毛毛也没接到他回来的联络，手机也打不通。

不会是因为高原反应死在哪座山上了吧？毛毛心惊肉跳地想。

过了几天，拉斯终于回来了。毛毛问他干吗去了，他轻描淡写地说，也没干吗，只是交了个朋友，在他家住了一个月。

毛毛没办法生他的气，她只是觉得害怕。

拉斯脑子很聪明，轻而易举考上了重点大学，在大学里专业成绩好得很，她不用为他的将来担忧。他也是个温柔的男友，对她相当迁就。但毛毛知道他很讨厌束缚，也讨厌循规蹈矩的生活。她担心这样下去，未来的某一天，他真的会抛下一切，去到一个她不知道的地方追寻自由。

而毛毛原本的打算，不过是大学毕业回到家，陪伴在父母身边，从此安心工作，安稳生活。就像她的父母所希望的那样。她从未想过要违背。

终于，在那次迟到的约会中，毛毛冲拉斯发了火：“你有大把时间出去旅行，为什么没时间多陪陪我？！”

拉斯一脸莫名其妙，“学习和旅行之外的时间，都用来陪你了，还不够吗？”

毛毛感觉自己的怒火被兜头浇了一盆凉水，她叹了口气：“你喜欢我吗？”

“喜欢。”拉斯一副理所当然的模样。

“有多喜欢？”

听到这个问题，拉斯露出疑惑的表情，半晌才摇头，说了一句“不知道”。

那次约会，毛毛借口不舒服，早早回去了。

她想，这就是答案了。这个男生，可以轻而易举地成为任何地方的任何人，没错，他融入哪里都不会显得突兀；而她想要的，不是任何地方的任何人，而是一个会留在她身边的男友。

他们在毕业之前分了手。

毛毛将“分手”两个字说得斩钉截铁，所以拉斯什么也没有说。

她至今记得拉斯当时的神情，那是一种介于吃惊和震惊之间的表情。毛毛觉得，这件事带给他的影响也就仅此而已了。惊讶过后，一切照旧。只不过是和女友分了手，这一点也不妨碍他继续四处游荡，自由自在地生活。

后来毛毛听他室友讲，拉斯在那之后有一个星期的时间没有去上课。毛毛也只是心如止水地想，是吗？

毕业后，毛毛回家，爸妈早为她安排了工作。没过多久，她开

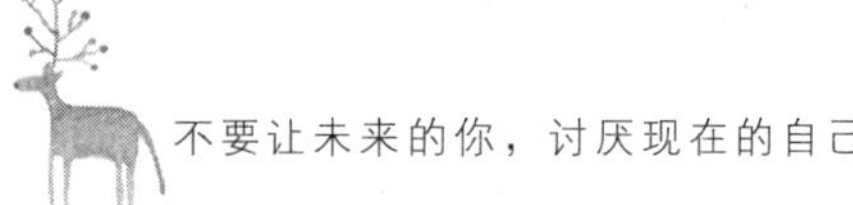

始有条不紊地相亲，很快就和一个门当户对，长相性格都不错的男人结了婚。

双方父母分别为他们购置了房子和车，婚后她继续工作、生活，日子过得平稳安静。丈夫的职位和薪水稳步上升，在三十岁之前，她按照计划怀孕生子。

有时，哄宝宝睡觉，长夜无聊，毛毛也会想起大学时期的那段恋情，想起那个从来不带她一起旅行、从不在乎别人眼光的男生；但更多时候，她在客厅逗宝宝笑，丈夫在厨房叮叮当当做饭，她享受着眼前的一切，觉得自己做了正确的选择，她确信自己是幸福的。

三十二岁那年，丈夫晋升为主任，应酬一下子多了起来，她虽然孤单，倒也因为有儿子相伴，日子不至于难过。

接下来发生的事情，过于顺理成章，从丈夫的回家时间、手机、钱包、衣物，以及前言不搭后语的谎言和越来越恶劣的态度中，毛毛知道他已经变了。

她去找父母商量，父母却怪她多想，甚至还劝她，丈夫升了职，工作压力大，要对他温柔点。

毛毛听出了父母的言外之意，在这座小城里，父母也算是有头有脸的人，她不能把事情闹大，不能给他们丢脸，为此她必须睁一只眼闭一只眼，忍气吞声。

那天，毛毛照常去幼儿园接儿子。开车回家的路上，在一个十字路口等红灯，她忽然记起拉斯过马路双手插在裤兜里目不斜视的样子，而那时的自己总是挽着他，紧张地东张西望，有一次他看着她笑，说了一句："跟着我走，别怕。"

红灯变成绿灯，后面的车叭叭地按喇叭，她忽然泪如雨下。

当初为什么没有勇气跟着他走呢？那些未知的路，不属于世俗的路，没有经过验证和精心安排的路，为什么害怕踏足呢？

十年过去了，她活得这样安稳，然而苟且，父母甚至要求她继续苟且下去，牺牲尊严和幸福，敷衍着过这一场人生，只为了保住脸面。

当初是她自己选择踏入世俗的安稳轨道，也就必须遵守这个轨道里的规则，正如当初是她选择了放开拉斯的手，如今也就没有资格再后悔。

但是，毛毛想，她也可以像拉斯那样吧？她也可以成为另一个地方的另一个人，而不是仅仅将自己禁锢于这座城市，禁锢于女儿、妻子、母亲的身份吧？

经历漫长的拉锯战，和父母冷战数回，和丈夫吵架、谈判数次，毛毛终于离了婚。单亲妈妈，她知道自己还有很长的路要走，或许还会很艰难，但她知道，她不会再后悔。

我们之中的大多数人或许也是这样，拼命追求看得见抓得着的安稳，追求别人眼中的光鲜和虚荣，然后把日子过成日复一日的苟且，失去幸福而不自知。但庆幸的是，走过许多弯路之后，我们终将意识到，他人认可的幸福和脸面，只是虚空，而从前被视为虚空的自由、爱情、诗意和远方，其实是生命里最真实的存在。

离婚后，毛毛在朋友圈里发的第一条状态是：

愿你我看得见自己要走的路。

愿你我任何时候都有勇气忠于内心。

去做一切放肆的事

现在我的年纪，也还算年轻，我却时常在拒绝了朋友的邀约，独自窝在家里敷面膜，品红酒，读一本昆德拉的书，看一部老电影时，想着自己是不是已经不那么年轻了。

记得大一的时候，寝室一个姐妹生日，和我们几个约好了去江边自助烧烤。下课后我们去超市买菜、买肉、买调料，提了好几大袋，兴冲冲地去了。一烤就是好几个小时，等我们回过神来，末班车已经开走了，又没有带够打车的钱，我们就决定索性走回去。

足足走了三个小时，凌晨两点多才走回学校。几个十七八岁的女孩，疯疯癫癫，又笑又闹地走在夜色里。经过江边时，伸手不见五指，我们怕黑，也怕遇见坏人，就攥一瓶驱蚊液，拿一把烧烤时用来切菜的水果刀，牵着前一人的衣角，心惊胆战地往前走。经过江上的大桥，被风吹得东倒西歪，我们就冲着延伸向远方的江流大喊大叫。走到中途被巡警看见，他让我们一路小心。最后遇见学校值班的保安时，我们还央求他放行，为我们的晚归保密。

以上是少年时荒唐，又珍贵的回忆。

现在，谁还会陪你，你又会陪着谁在深夜又笑又闹地走上三个小时呢？

几年前的我，若是想念一个人，就会翻山越岭去见他，连夜坐十几个小时的火车，第二天一早精神奕奕地出现在他面前。

如今再让我做这种事，恐怕是不可能了，没有那样的心力了。

现在的我若想念远方的某个人，只会放在心底，或者最多在他的朋友圈里点个赞。况且，我想自己也不会再喜欢远方的谁，隔着遥远的距离患得患失了。

我们都是在青春的年纪里放肆，在成熟的年纪里学会权衡得失，因为我们都知道可以挥霍的东西越来越少。

但我们回忆起那些年的放肆，总是怀念得不能自已。只愿成熟的年纪来得慢一点，再慢一点，只愿自己权衡少一点，再少一点。

权衡过头，总会留下遗憾。

她那时比他高一届，他得管她叫学姐。

她很有学姐的派头，一味地宠爱着小师弟们，并不偏心谁。而他唯一的希望是她对他好一些，再好一些。

喜欢的情愫是一点点滋生的，等他发觉时，他的视线已经离不开她了。

他不敢表白，觉得自己配不上她。她是系里研究生中的尖子，早早被推荐去日本留学。他觉得她迟早要走，表白也没用；再加上还有不少同级的师兄在追她，更有传言说她已经和其中一人开始交往了，他更加觉得灰心，没有胜算。

他想："只要她幸福就好，我在一旁祝福她就好。"

研究生毕业，颁发学位、照毕业照之后聚餐，大家都喝了不少酒。她喝得尤其多，摇摇晃晃走不稳路，他正要伸手扶她，却见好几个师兄都抢着上前，便缩回了手。她却嚷起来，说她没喝醉，把几双手都甩开，一个趔趄靠到了他身上。

"哎呀，是你……就是你了，送我回去……"她嘴里含糊不清地说着，说着说着却笑了。

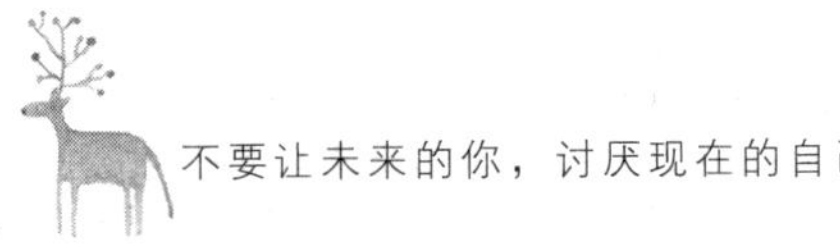

大家都当她发酒疯，索性懒得理她。他颤颤地伸出手，搂着她的腰，负起责任来，送她回宿舍。

到了宿舍，她却一屁股坐在门口台阶上，不肯走了，一条手臂挂在他脖子上嘻嘻地笑。

“我问你，你有喜欢的人吗？”

“……”

“有没有？”

“嗯。”他终于点了头。

“然后呢？没在一起吗？”

“没有。”

“不告诉她你喜欢她吗？”

“嗯。”

“为什么？”她歪着头问。

“告诉她也没用。”他低下头。

她忽然松了手。

他们在那里一直坐到凌晨，她和他东拉西扯聊了很久。后来他根本就不记得当时聊了些什么，只记得她的侧脸，在路灯下很美很美。

接下来，她去日本深造，他留在国内继续读研。

时差只有一个小时，所以经常在网上遇见，遇见了，他们就会聊几句。内容无非是问异国生活习不习惯，研究室有什么新课题，又新来了哪个教授。

他本来以为，她离开，是没有办法的事，自己也只能接受；他本来以为，她离开之后，这份感情会慢慢变淡，直至完全消失。可他发现，他接受不了她离开，忍受不了生活里没有她，也无法抑制心里越来越强烈的想念。

导师问他要不要争取去日本读博的名额，他想都没想就答应了。

在确定下来之前，他没有告诉她这件事。

申请批下来，成绩过关，材料过关，面试过关，已是半年多以后。他兴奋地告诉她这个消息，她隔了很久，才发过来一个笑脸，说了一句“恭喜”。

他觉得自己的兴奋被浇了冷水。但是没关系，他很快就要见到她了。

“等我过去，你要像个学姐一样，请我吃拉面，游富士山。”

她又发过来一个笑脸，说了一句“没问题”。

他翻来覆去地给自己打气——我喜欢她，她就是我一生要找的伴侣，到了日本，我一定要向她告白，要告诉她我有多爱她，多想念她。

他抵达日本的那天，她果真去机场接了他，带他去吃拉面，看富士山。

一年不见，她的性情不如之前豪爽，容貌却更成熟也更美了。他坐在新干线上看着远处白雪皑皑的富士山，又看看她的侧脸，觉得很幸福，很满足。

在富士山下的树海边，他终于支支吾吾地开口：“学姐，我……我……”

她打断他：“我并不知道你会来日本。”

“嗯，因为我之前没有告诉你。”

她叹了一口气：“你要是早点告诉我就好了。”

为什么呢？他觉得她的表情很悲伤。

她看着他，一副下了决心的表情：“这是我最后一次和你单独见面了。”

他有点懵：“为什么？”

她再次叹了一口气：“因为我有男朋友了，再单独和男生出去，他会吃醋。”

他吃惊许久，然后沮丧地垂下头。

没有说出口的表白，再也说不出口了。

临分别时，她站在原地许久，终于下定决心似的抬起头看着他说：“你还记得吗？毕业那天，我问你为什么不向喜欢的人告白，你说告白也没用，但我还抱着最后一丝希望，一直赖着你聊天，不让你走，等你说出那句话，可惜你一直没有说。现在回想起来，那句话其实也可以由我来说，可是我也没有勇气。”

他愣在那里，很久很久，悔恨像一条条虫子细细啃噬心脏，他回想起她说的话，“我并不知道你会来日本”“你要是早点告诉我就好了”，原来是这样，如果她早点知道的话，是不是就不会交男朋友了？

他以为她会在原地等他。但这个世界上，没有任何人有义务在原地等你，即使是爱你的人。

“我一直好后悔。”她低下头，声音哽咽。

所以她下定决心，下一次，如果再爱上谁，一定会第一时间告诉他，不考虑文采，不顾及过去现在将来，不害怕被拒绝，勇敢地说出那三个字。

目送她离开后，他终于在心里对自己说：“嗯，我也是。”

去做一切放肆的事，去爱自己想爱的人，趁自己还活着，还能走很长很长的路，还能诉说很深很深的思念。

成为自己的传奇

你有没有想过，为什么朋友圈里晒包晒宝晒恩爱的那么多，却很少有人晒努力？因为那会让别人看穿自己还没完成的价值。

很多时候，我们害怕别人评价自己，却又渴望有人来点评一下。我们需要有人领着我们绕过泥路水坑，却不希望别人肆意指手画脚。

年轻的时候，我们往往无法正确评估自己，归根到底是因为对世界不了解。没有参照，看不到生活的深度，无法确知梦想的方向，都使得我们总是笨拙地想要通过别人的评价、能挣到的钱、交到的男/女朋友来获知自己的价值。

当你做一份兼职每月挣一千块钱，你会觉得自己只有一千块钱的价值；当你可以挣到两千块钱的时候，你知道自己的价值提升了一倍。

当你在街头派传单的时候，你只有派传单的价值；当你给初中生辅导英语课的时候，你就有家庭教师的价值；当你发表论文，为某智库服务，你就拥有研究人员的价值。

当你可以把自己想要的东西一件件地搬进生活，你会觉得你的价值可以让你拥有一个电饭煲，一张床，一辆车，一间写着自己名字的房子……当你可以把梦想一个个实现的时候，你知道自己的价值可以让你成为老师/画家/工程师/高级主管/副处级……

那些未实现的、未兑现的，就成了你继续努力，变得更加强

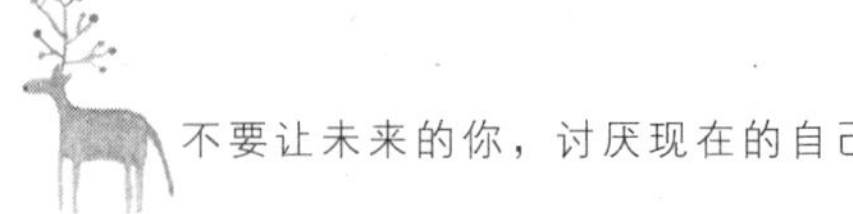

大，有更多的价值去完成愿望的动力。这样循序渐进的过程，就是大部分人的人生该有的节奏。

你必须要在人生的平地上建造属于自己的绝美建筑，而你的风格和水平，决定了这座城堡的脾性。

蔓蔓刚来到这所北方的大学时，自卑感几乎要把她湮没了。

先是普通话不标准，让蔓蔓每次在众人面前开口说话都感到尴尬万分。

她的家乡是座山水皆宜的南方旅游古镇，每年都有来自全国甚至世界各地的游客，不远万里前来寻找“桃花源”般的静谧美景。也正是因为太封闭，小学、初中、高中老师的普通话都带着浓重的地方口音。上了大学现代汉语课后，蔓蔓才知道，有些发音，如果小时候就没有受过标准化训练的话，长大后就很难纠正。

因为以前老师教的就是“Chinglish（中国式英语）”，蔓蔓在第一次课堂互动环节一开口，班上就笑倒了一片。为此，她花了很多时间练习口语，在英语角大声读课文，主动找外国学生聊天，但大多数时候她还是在课堂众目睽睽下紧张过度，磕磕绊绊，连句完整的话都说不好。

上了大学，女生们似乎突然“开了窍”，开始格外重视自己的外表。蔓蔓矮，本来在南方大家都差不多的情况下，她并没有感觉到自己有什么不同。可是在北方的学校，一米六八、一米七高的女生比比皆是，在拥挤的电梯间等候的时候，她只能看到黑压压的人头。男生更高，在路上有人跟她说话，或者跟班上的同学一起走路的时候，她都需要仰起头才能跟人正常交流，有好几次，她都能感觉到路上旁人投来对他们身高差的异样眼光。

这个社会总是给女生更多的宽容，犯了错可以撒撒娇，个子矮也会被说成是“最萌身高差”。但是对刚刚开始步入陌生人海的女生来说，受到过虽然不是恶意的调侃，也足以让一个年仅十八岁的少女开始怀疑和讨厌自己。蔓蔓说，无论怎么做，她都好像个小丑，“生活糟糕透了”。

大一春季运动会之前，班长找到她：“你来做开幕式上咱班队伍前面举牌的吧？”

蔓蔓一时难以置信：“我？这么矮怎么可以？”“穿双高跟鞋呗，谁让你是咱班班花哪！”

以前蔓蔓知道自己长得还可以，但从那时候才知道自己称得上“漂亮”。慢慢地，班上总有男生女生来夸她的眼睛好看，夸她五官精致像洋娃娃。

后来，她发现自己搭配和化妆的功力不错，室友每次约会前，都爱找她搭一套，再梳个精致发髻，逛街买衣服也总要拉上她一起，连参加个小型晚会，都等着她去化妆。再后来，大家发现她很勤奋，成绩也不错，就常常借她的笔记去复印，听不懂的课私底下也常找她问。

大三的时候，为了考教师资格证，大家都约好了去考普通话证。蔓蔓对自己的口音始终很自卑，想退缩，却被室友硬拉着报了名，然后天天监督她读课文，她也干脆先把面子丢一边，缠着宿舍里的那个北京大妞练儿化音。后来成绩出来，她考了一级乙等，甚至比北京室友的分数还要高。

也是从那个时候起，蔓蔓才开始接纳自己：很多事情真的不是做不到，而是你一开始就被小概率事件吓到了。虽然在英语口语这件事上，她还是很羡慕那些开口就是“伦敦音”的同学，但她现在起码可以在课堂上流利地说上十五分钟，也不再胆怯得在讲台后面双腿打抖。

人人都有自身独特的长处，当你无法接纳自己的时候，所有的长处都会被你的内心掩盖。也许每个人都要经历这样的过程，因为别人夸了自己一句，心里就美上天，因为别人不经意的玩笑，就自己把自己打入牢笼。

也许我们都要在暗夜里走很长的路，小心越过那些暗道深坑，才有可能慢慢自信到不靠别人评价依旧知道“我可以”。青春是面对现实一步步去完成的能力，而不是按着别人的标准来打造自己。

工作后，学习反而成了见缝插针的事情。

有的同事每天早来公司半个小时，只为了多背会儿单词；有的同事把加班都换成了调休，不旅游，不休假，都攒起来上培训班。同事们下班后，去健身房锻炼，去琴房练钢琴，去上德语班，更是常见的事。大学反而成了这辈子最悠闲最不求上进的时光，一心想着快点毕业我要挣钱；工作了却舍得把钱大把大把地撒在各种各样的课程里，甚至不管上班多忙多累，都要挤出时间去学习。

有的人说，大学的时候马马虎虎地过，也能毕业，但工作了拿了工资，就得给领导卖命，大家都这么“拼”，谁不努力就可能第一个被淘汰；有的人说，工作只是满足生存的需要，精神的需要得另外“补”；有的人说，工作一天回来，如果不干点自己喜欢的事，总觉得这一天白过了。

其实原因都一样，因为在这个残酷的竞争社会里摸爬滚打，更加懂得自己真正想要的是什么，所以对生活的期待，也充满了更明确的目的性。

但如何提升自我呢？学习专业知识，考一个职业资格证；阅读成功学以外有营养的书籍，腹有诗书气自华；学一门外语，精通一个国家的文化；听世界名校的网上公开课……这些都是大部分人常选择的，都无可厚非，唯一的问题是，你不能将所有你想做的事，都列在你每天要做的计划表里。

我曾经给自己订下了这样的计划：每天写一千字，看完一篇中篇小说，背完（并根据艾宾浩斯遗忘曲线复习完）一百个单词，练一小时钢琴。

“任务”不多对不对？

刚开始，我按着计划表走，确实觉得生活充实了不少，但渐渐地，我发现自己无法坚持下去了。第一次没完成任务，是因为加班到了九点多，回家勉强看完一篇小说就睡着了。第二次没完成任务，是因为出外勤，搬了很多物料，回来手抬不起来，练不了琴，写不了字。第三次、第四次……当“计划”荒芜得越多，人也越懈怠。过了一个月、两个月、半年，无论哪一项，我都没有收到明显的成效。

只要是正常的上班族，想要坚持去做一件另外的事，都多少会遇到这样那样不可抗的“意外”打乱你的计划。加上你的计划表中各种类型的尝试都有，能量一分散，自然收效甚微。

当你意识到你可以成为自己梦想和现实之间的“造梦人”，那么你需要做的，不仅仅是张弛有度的生活节奏，也不仅仅是“坚持”的口号，还有专注。这样，梦想才不容易被现实击碎。

王小波说，人在年轻时，最头疼的一件事就是决定自己这一生要做什么。

我有位前同事，因为想要和有趣的人对话而当了记者，她说过一句话：“想见的人，想做的事，都终将会实现，只要你足够想要。”

为了心爱的日本文化，她开始学日语，也因为这件事，她彻底改掉了记者职业的通病——“熬夜写稿，白天睡觉”的作息，她强迫自己在早上七点醒来，苦苦和日语作业搏斗一上午。三年来，一天都没有中断过。

从断断续续用半吊子日文采访，到越来越多的日本采访对象问她“为什么你会比我还懂我的国家”，她说，因为无限放大了个体的自我趣味，才最终完成了她后知后觉的成长。

现在她已经辞掉了工作，在自己的公众号上发了一篇《再见，总有一天》的文章，宣布自己终于实现了二十岁的梦想。

真正专注的人，不会在微博打卡，在朋友圈自怨自艾“为什么我这么努力还是无法怎样怎样”。专注的人，往往不容易因为短期的挫败而憎恨生活。

小胜叫莉莉一起去吃饭，莉莉摆摆手：“昨晚睡太晚，我待会随便吃个面包算了，中午还能多趴会儿。”

“你多晚睡啊？”

“一点半。”

“为什么这么晚？我九点就睡了。”

“九点的时候我才吃完饭回家，洗完澡就十点半了，随便看个电影就一点多了。”莉莉苦笑。

这样的对话，莉莉几乎每天都要重复一遍。

你也有过这样的经历吗？下班后，发愁吃什么晚饭，吃完了随便逛个超市，基本回家就“洗洗睡”了。

更可怕的是，刚毕业的时候，因为每天都在学习行业新知识，因而过得特别充实，一个月像是过了一年。真的等到了一年后，你已经熟悉岗位上的各项职责，再也不会因为出错被罚被训，需要在工作中学习的技能越来越少，时间也咻咻地飞走了，一年、两年、三年……都仿佛在弹指一瞬间。

现代科技节省了许多冗长的工序，各种交通工具也很大程度上缩短了路上的时间，你能想到的任何事情，几乎都有“上门服务”。但为什么我们的时间还是不够用？

最大可能是因为拖延症。有调查显示，86%的职场人都有拖延症，有过半的人是“不到最后一刻，不会开始动手工作”。为什么下班后、晚上效率更高？因为带着白天没有工作的罪恶感。有无数的职场励志书籍告诉你怎么战胜拖延症，比如《21天养成一个好习惯》之类。但真正有拖延症的可能连书都无法看完。

“我知道那件事必须去做，但我就是没有动力去做。”因为有了这种预期的“恐惧”，那件事就变成了压力，而且会恶性循环，时间过去，最后期限逼近，你还是必须去完成它。

我们身处于一个被诱惑包围的时代，它们通常被包装成各种丰富生活的样子投放到我们的空间里，而网络加速了我们的幻觉。正如那句话说的，“每天一打开微博，大事小事就如潮水一样铺满你的时间线，你有权力评论、转发、关注，感觉像皇上批阅奏章”。

从文档或者邮箱切换到网页的距离有多近，从娱乐切换回工作的距离就有多远。

还有就是，我们总爱预留时间。比如，早上七点半要起床，大多数人喜欢提前半个小时定上几个闹钟，每隔五分钟或十分钟响一次。其实在那个过程中，因为闹钟频繁响起，我们睡得并不踏实，我们白白浪费掉的，是完全可以有质量地再睡半个小时，或者早起半个小时，去做我们规划的事情。

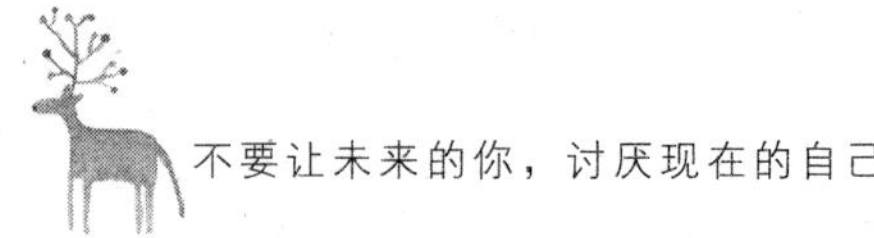

把工作当作受罪，因此白天八小时很不开心，如果恰好选错了爱人，晚上八小时也会很不开心。不会管理自己的时间，也就等于不会管理自己的压力。

因为未来还很远，年轻人对于前路比中年、老年人抱有更强烈的憧憬。在憧憬之余，又不满足于自己为未来所做的事。天赋的本钱总会日渐告罄，肉体也难承担持续浩渺的开支。但愿魔鬼来放高利贷的时候，你不会轻易鄙薄自己的青春，“斥为幼稚胡闹不值一提”。

正如马尔克斯永远记得于巴黎那个春雨的日子在圣米榭勒大道遇见海明威的样子，虽然后来他自己也在文学殿堂里有了自己的一席之地，但仍记得自己大喊的那声“大——大——大师”。过往的幼稚、挣扎、前途未知，都成了舞台中间的传奇。

你知道总会有熬过时间的那一天。即使差一点就要撑不住，即使迷茫得下一步就不知道往什么方向走，你依然会因了这种期待带来的巨大激烈，而告诉自己再努力一把，再坚持一秒。虽然你在那一刻并不知道，自己还要在路上多久。

然而，这样又忧愁又充满可能性的幻觉，是那些奔跑在路上，不愿意停歇，也不屑于在大庭广众下流露痛楚的人才能体会到的。

这个世界疯狂、冷漠、没有人性，但愿你一直清醒，相信，不紧不慢。

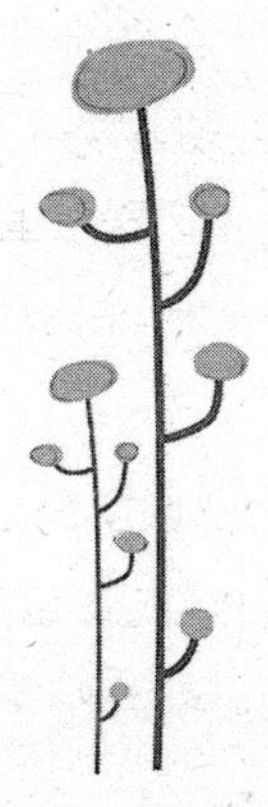

PART 4

努力去爱，又孤单又美好

当初拥有的，已是最好的

很喜欢周星驰早期的一部电影，名字俗气，叫《望夫成龙》。那时的星爷还很年轻，有一张青涩稚气未脱的脸，演一个从乡下来到香港大都市打拼的初出茅庐的小子，刚刚好。吴君如也还年轻，素面朝天地和星爷演对手戏。

一对小人物，怀揣着爱情和梦想，在巨大城市的底层挣扎，柴米油盐地计较着，却也平和温暖。灯火里归来，简陋的房子里，一个笑着迎接他的女人，一桌子热气腾腾的菜，就已经足够。

为了未来，为了所爱的女人，年轻男人拼了命地要出人头地。

攀上自己的女上司，小心翼翼地巴结着，哄她开心。他跟着她，开始见识到这个都市令人眼花缭乱的物质和名利。

谁不想要成功呢？他爱的女人当然也希望他成功。但逐渐地，随着他越来越受到重用，他开始对她不耐烦。

女人，难道不是应该像他的女上司那样吗？穿漂亮的裙子，化精致的妆容，洒好闻的香水，坐在豪车里，优雅高贵。而他的女人呢？不过是糟糠之妻，举止粗俗、不聪明、不美丽、不高雅，带她出去参加晚宴，她不懂规矩，丢尽他的脸面。

他们终于大吵了一架。她曾经是他奋斗的动力，如今却成了他人生里的污点。

这实在是再常见不过的桥段，可以共苦，却不能同甘。她对他满腔痴情，拼命对他好，眼里只有他和他的前途，可惜他眼里，也只有自己和自己的前途。

爱情也需要天时地利人和。

不久前，某位年轻时叱咤风云的摇滚歌星结婚淡出的消息，让所有人都吃了一惊。所有人都以为他会作为摇滚界的一位斗士，奋战终身，不料他急流勇退竟是为了结婚。记者问他，为什么忽然想要结婚呢？他说，因为爱她啊。

天时，地利，人和。

步入婚姻殿堂，可能仅仅是因为他在人生的战场上拼杀累了，又恰好遇到了那个让他安心，想要安定下来的人；而爱情的夭折，也很可能仅仅因为那个人和你想要的生活微妙地错了位。

电影的结尾，两人重逢。

这么多年，我一直忘不了吴君如穿牛仔裤站在街角抽烟的镜头。

她早已褪去当年为他痴情、犯傻的模样，身上只留云淡风轻的沧桑和笃定。她脸上的表情，是受过伤的女人才会有的淡然。

远离她之后，男人终于意识到她的好。他从街的另一头走过来，和她拥抱，眼中心底，爱意仍在。

她的眼中心底，也仍有爱意。只是，此时的她已不是从前那个单纯傻气的女孩了。她一定不会再为了一场爱情放弃所有、付出所有，不会再有纵身一跃的燃烧，从此，她美丽，不再为了谁，只为自己。

这样的结局，不知该悲还是该喜。

比照着男人当年的无情抛弃和此时的幡然悔悟，不免觉得，人啊，最难抓住的总是近在咫尺的温柔，总是对拥有的感到不满意，觉得还会有更好的出现。人总是要等到失去之后，远离之后，才知道当初拥有的，就已是最好的。

而日后挽回的，必然已不是最初的爱。

希米起初和那个比他大七岁的男人相恋时，不过是刚毕业的年纪，新鲜青涩的社会新人，工作努力，积极向上。未来像还未被寻找到的宝藏，让她充满期待。

男人和希米在同一家公司，不同的部门，他是部门主管，能力出色，相貌堂堂，没有女朋友，是公司公认的最帅气的单身贵族。

希米对他，一开始只有景仰之情，像景仰一个职场榜样。直到他开始约她喝咖啡、吃饭、看电影，慢慢相处下来，才对他生出景仰之外的感情。

他比她大七岁，比她成熟稳重，又是个相当体贴的人，做事情还很周到，除了偶尔毒舌，故意欺负她，几乎挑不出一点毛病。希米很满足，却又觉得这份恋情缺乏真实感。那么优秀的男人，为什么会喜欢她呢？希米自问算不上多漂亮的女孩，工作倒是努力，但也没什么其他长处。

或许是觉得新鲜吧。

很快，他接到调职，调往分公司工作一年。去地方锻炼一下，这是总公司升职之前的一个惯例。

所有人都恭喜他将要升职。希米嘴上说着恭喜，心里却想，这段恋情到此为止了吧。

谁知那天他带希米回家，郑重地告诉她，他爱她，希望她能和他结婚。

希米没想到事情会变成这样，她手足无措，说："我没想过要结婚，况且我们马上要分开一年，异地恋，我没有信心，而且我也不知道你为什么会喜欢我，一定是因为有新鲜感吧，等到新鲜感过了……谁知道这段感情什么时候会结束呢……"

她语无伦次地说着，直到他叹气，说："够了，不要再说了。"

他调职走了，没说分手两个字，但他们的关系毫无疑问已经结束。希米恢复单身，也并没有多少不习惯，只是在和朋友相约去吃晚餐时，会特意避开和他一起去过的餐厅。

一天下午，希米盯着电脑太久，觉得有点累，于是起身去泡咖啡。公司的咖啡她不爱喝，自带的挂耳咖啡也没了，她记得之前还有几包速溶的，于是四处翻找，终于在办公桌最底层的抽屉里找到了，同时找到的还有一包万宝路香烟。她的第一反应是吃惊，怎么她的抽屉里会有香烟？

拿出来看，“Marlboro”（万宝路）标志上被油性笔画了一个大大的“×”。

希米想起来了，他从前是抽烟的，抽的不多，但每天总要抽几支。希米向来讨厌香烟的味道，开始只是皱眉，后来就和他提了几句。他当时没说什么，第二天却特意过来，掏出身上最后一包烟，画了个“×”交给希米，让她监督他戒烟。

他一直是这样，并不说什么漂亮话，但一举一动，都是温柔体贴。希米还想起有一次，她工作上出了点问题，心情很不好，他特意买了菜，去她家给她做饭吃，又陪她看搞笑节目，晚上还留下来陪她。在床上，他什么也没做，只是把她轻轻拥在怀里，让她安心地沉睡到天亮。

还有一次，希米接到大学时期的男友打来的电话，那是个性格恶劣的男人，在电话里开口就说有一件事要她帮忙，希米说帮不了，那个男人却不肯罢休。希米挂了电话，那个男人就继续打过来，是身边的他抢过电话，恶声恶气地威胁了她的前男友一通，解决了这件事。

还有一次，她在会议上提案，还没说完，但其他人以为她说完了，就开始了热烈的讨论。她站在前面，尴尬极了，犹豫半天，终于鼓足勇气大声打断了讨论，继续说下去。她当时只是一个新人，很担心是不是得罪了前辈们，担心上司会责怪她，是他在众人面前表扬了她，还对她的顶头上司说，你们部门来了一个不错的新人呢。

还有一次……

记忆如潮水一般涌上来，希米忍不住蹲下身，哭得不能自已。

回想往事，每一个细节都在告诉她，他爱她。为什么从前她没有意识到呢？她还那么残忍地说他只是贪图新鲜，说谁知道这段感情能维持多久。曾经触手可及的温柔，她一直以为那是假的，拼命把他推开，现在才知道自己错失了什么。

原来当初拥有的，已是最好的。

那个周末，她动身去了他所在的城市。

或许能够挽回的，已不是最初的爱，但是没关系，这次轮到她了，要给他最好的爱。

我来过，便很好

那天和几个朋友一起去密云过周末，车子开到山腰，越来越荒僻，手机没了信号，导航也显示没路了，但预订的农家乐的确是在这附近，开车的朋友下车找人去问路，我们几个也下车来透透气。

从北京城的雾霾里逃离，果然没错，这里有蓝天、青山、绿水，养眼又养心。

忽然，接到他打来的电话。

分手不过一年，我却觉得已经过了一个世纪。电话里的声音很熟悉，也很遥远。他问我最近好不好，我说好，又说我现在正在山里。他说，真好。

无话可说，只好聊一聊天气。他说南方的天气比不得北方，湿得衣服能拧出水来。我说北京的天气倒是好，可惜雾霾重，蓝天不常见。我们絮絮地说了一会儿，收了线。

记得初次见面，我们也是像这样寒暄着，聊着天气。

像是走了一个轮回。人海初遇，直到离散于人海，明明曾经深爱过，开始和结局，聊的却都是天气，与爱无涉。

也好。两个不再相爱的人，不必再念念不忘。相濡以沫，不如相忘于江湖。

看《幸福的面包》，里面有句台词说，“谁都有从一个人变成两个人的瞬间”。这是我见过的最美好干净的关于爱情的定义。

可惜这世间的故事无法只说一半，下一句话也人人都要面对——“谁都有从两个人变成一个人的瞬间”。

谁都是在热恋时勾勒无数个有他在的未来，怀念初遇他时的美好，在分手后终于释怀感情里有过的背叛和伤害，逐渐把一段深刻入骨的恋情淡忘，与他重逢时心如止水。

爱情的开始也好，结束也好，都是寻常。

蒂娜和他在英国重逢，已是分手十年之后。

那一场行业博览会，她万万没想到他也会来参加，而且是作为优秀企业代表。与早年不一样，现在的他一副三十多岁事业型男人的成熟形象，穿着合身的休闲西装，头发往后梳，整得一丝不苟的领子和袖扣，说话时自信满满，倾听时微微笑着，不断颔首。

找不到一丝她记忆里的模样。蒂娜还记得，当初的他是一个从

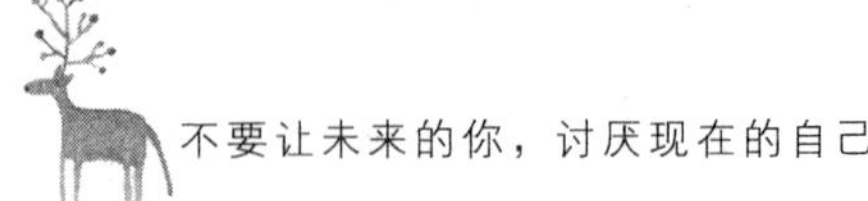

不听人讲话，任性得不得了的人，凭着一身才气，进入一家著名公司上班，却因为脾气太倔，和同事、上司相处不好，处处碰壁，受挤压。在公司受了气，他就对着蒂娜肆无忌惮地发泄，骂他们没眼光，说自己怀才不遇。

偏偏那时，她喜欢这样的男孩，觉得他单纯直率，连不通世故的地方都很可爱。而那些年轻轻轻就圆滑周到的男生，入不了她的眼。

只可惜她自己，并没有成熟到可以无限包容他身上的刺。偶尔，她也会觉得他身上可爱的地方很可恨，偶尔，她也会被他扎伤，一个人躲着哭。

有一阵子，蒂娜在工作上遇到一些瓶颈，正烦恼着如何处理，他却仍然三天两头地找她，开口就是无休止的抱怨。蒂娜的忍耐终于到了极限，和他大吵了一架。

此后，两个人就开始常常吵架。

她嫌他永远也长不大，他嫌她不如以前温柔。那段时间，两个人都是感情上一片狼藉，工作上也一塌糊涂，越吵架，状态越差，越无心工作，工作越糟糕，就越吵，蒂娜和他陷入这种恶性循环中无法自拔。

有时爱情最可怕之处，并不在于它像泡沫一样不稳定，随时可能消逝，也不在于它能轻易让你沦陷，轻易就能把你伤得体无完肤，而在于它对两个人的蒙蔽。相爱的人爱得着了魔，失去自我，失去清明的理智和智慧，把彼此的人生纠缠成一团乱麻，像两只无头苍蝇，撞得头破血流还不自知。

有一天，蒂娜下班和他一起去吃晚饭，走在街上，两人一言不合又吵起来。当时两人正好站在一家ZARA（服装店名）店的玻璃墙外，蒂娜用刻薄的话数落他，他用不讲道理的任性话回击她，吵着吵着，他说不过蒂娜，气急败坏伸手推了她一把。蒂娜摇晃了几下才站稳，回过神来，眼泪立刻掉了下来，她不愿他看见，慌忙别过头去。ZARA店的橱窗里，几个身材高挑的模特穿着漂亮的裙子，欧美式的棱角分明的脸，冷漠地俯视着她，而映照在玻璃墙里的她，却穿着一身半旧的职业装，头发披散着，脸扭曲着。

这是谁？在做什么？蒂娜崩溃地在橱窗前捂脸蹲下来，抽噎得停不下来。

分手时，蒂娜有一种重见天日的感觉。

她搬了家，换了工作，甚至连手机号码都换掉了，从此专心工作、生活。别的女孩子都是在恋爱时变漂亮，她却是在分手后变得越来越迷人。

蒂娜终于明白，好的爱情才能滋养人，糟糕的爱情却会毁掉一个人。

英国的博览会上，他主动过来和蒂娜打招呼。

当天的工作结束后，他们结伴去泡吧。

“都说来英国不泡吧等于没来。”他笑着说。

“嗯。”她笑着回应。

两个人都默契地没提旧事，只是聊着各自的工作、这场博览会的相关事项，以及英国善变的天气。

十年之后，她不再是当年披散着头发吵架的女孩，他也不再是当年动不动就抱怨怀才不遇的男孩。他们终于可以坐在一起，不聊物是人非，不问彼此世事经历了怎样的变迁，只是谈天说地，度过一些闲散的时光，然后温柔道别。

就像为人生寻找意义一样，你或许也曾执着于为爱情寻觅意义。但爱情若可以为自己写墓志铭，大概也只会写一句“我来过”。

来过，就够了。哪怕此时你与他只有天气可聊，也好过从来不曾相遇相爱。

不早不晚遇见你

都说爱情里最重要的是时机，不早不晚，你来到我面前，如此我们才可以互相说一句：哦，原来你也在这里。否则，任你我如何天生一对，地造一双，也难免会有擦肩而过的结局。

可惜世间多的是相见恨晚的故事。君生我未生，我生君已老，是相见恨晚。你还未娶，我已嫁，是相见恨晚。爱上你时，你已为别人交付了一颗心，也是相见恨晚。

为什么不早点遇见你呢？

《廊桥遗梦》里，弗朗西斯卡遇见摄影记者罗伯特时，已是两个孩子的母亲。她被他吸引，他为她迷醉，彼此都确定遇到了一生所爱，最终两人的结局却是分离。弗朗西斯卡不愿意舍弃家庭，罗伯特只能黯然离开。像极了彭佳慧在歌里唱的：“你说是我们相见恨晚，我说你为爱不够勇敢。”

或许真的是弗朗西斯卡不够勇敢，不能为了爱情冲破世俗阻碍，但是，究竟是相见太晚，还是不敢为爱冲破世俗阻碍，其实都是一回事。

爱情里最重要的是时机，你想要稳定时，他却还没看够世界，他能够承诺你未来时，你却在迷茫自己想要什么，没有谁对谁错，没有谁勇敢谁不勇敢，只是时机不对而已。

他和她是相见恨早。

从年纪上来看倒是正好，男未婚女未嫁，正是谈恋爱的大好年华。彼时，她是这座城市里最普通的一枚小白领，收入并不算高，但勉强也供得起自己衣食无忧，发季度奖金时，还能小小奢侈一把，吃一吃大餐，扫一扫名牌货。

他那时则在一家小公司，普通职员一名，收入比她差一点点。本来，这一点点也算不得什么，但他是男人，出去约会，买单的次数总要多一些，送的礼物也总要昂贵一些，更何况他家境不好，每月还得补贴父母一些。所以他看起来比她穷多了，一件夹克衫从秋天穿到春天，也舍不得换件新的。

两个人相处得挺融洽，性格上也合得来。她并不是多么虚荣的女孩子，看中的是他诚实稳重，有上进心，暂时穷一点也没什么。周末，她会去他家给他做饭，打扫房间，夏天，两个人抱着西瓜吹空调，冬天就着炉子吃火锅，小日子过得还不错。

但是，日子一天天过去，他的收入依然没有起色。她劝他辞职另找一份工作，他却怕找不着更好的工作，犹犹豫豫地下不了决心。每个月的开销都在那摆着，他怕一辞职就会应付不来。况且，他那时也没想好以后到底要做什么，不知道自己又适合做什么。

她生他的气，觉得他没用。但过了几天，她冷静想一想，觉得他应该有自己考虑的空间，男人嘛，不能什么都听女人的，这么一想，她也就不再劝他。

就这么一拖再拖，终于拖来了分手的日子。

她那时被一个条件很好的男人追求，那个男人年纪比她大许多，在这个城市有好几套房子，拥有两辆进口车，经营着一家生意不错的茶器店，他说自己之所以没结婚，是因为前几年一直忙于事业，耽误了。起初，她说自己有男朋友，很明确地拒绝了他。他知道后，也只是放慢了追求的脚步，并没有放弃。

她和这个男人吃过几次饭，谈不上心动，但从现实的角度考虑，她很满意。这个男人，能够给她安全感。而那个连辞职都犹豫的男人，她和他的确有过很快乐的时光，但是和他在一起，她觉得看不到未来在哪里。

分手很仓促。他还没回过神来，她已经坐进另一个男人的奔驰车里。

看到车身上醒目的奔驰标志，他忽然醒悟过来。原来是这样，因为他没有钱，没有房子，没有车，承诺不起一个未来。

事隔多年，当他也拥有了属于自己的奔驰车时，他才肯承认，当初被甩的遭遇让他身为男人的尊严受到了多么严重的伤害。

从那以后，他拼命努力，辞职，从底层销售开始做，每天在这座城市里东奔西跑十几个小时，直到成为销售主管，再到辞职创办第一家公司。他花了十年时间，从一文不名的穷小子，变成了身家千万的公司老板。

他终于为自己闯出一片天，而她早已成为别人的妻子。

他未必没有遗恨，但更多的是感谢，

感谢她的无情，让他成为更出色的男人。

要怪，只怪相遇太早。一个还没来得及看清未来的模样，就像一块璞玉还未发光，另一个却已着急要她的安全感，要物质的保障。

说到底，还是因为并不深爱吧。若是深爱，刀山火海陪你闯，粗茶淡饭陪你吃，又怎会在意受一点暂时的委屈？

只不过，深爱也不是毫无来由，要不是你的一言一行、一举一动都能带给她希望和信心，要不是你有一个完全和她相契的灵魂，她凭什么深爱你呢？

有一位高中时代的女友，久未联系，闲来无事找我聊天。上来就说她的男友如何大男子主义，如何不体贴，连韩剧都不肯陪她看，一眼也不看。而且他也不像是有出息的样子，做着一份公务员的工作，也不懂得逢迎拍马看眼色，跟着他，估计一辈子也就这样了。

我开玩笑说："那就甩了他，另找一个。"

她却立刻紧张起来，"不是啊，他也有好的地方，虽然在外面大男子主义，在家里却很迁就我；虽然不体贴，但是也对我很好；虽然不陪我看韩剧，但我也没陪他看球赛啊；虽然只是很普通的公务员，但很安稳啊，过日子不就是这样吗……"

我心想，姑娘，你虽然满嘴抱怨，却很爱他啊。

磕磕绊绊，吵吵闹闹，不完美，不出色，也没关系，只要时机刚刚好，不早不晚，他不求你倾国倾城，你不求他走上巅峰，你们只是平平常常地相遇，相爱，相守。

这样的爱情或许不能刻骨铭心，但已足够幸福。

相见不如怀念

所有的相遇，都是久别重逢。

夏小鱼第一次见到沈若安时，这句不知从哪儿看到过的话，一下子就从脑子里跳了出来。

那种熟悉感，就像她前生曾经盯着他看了一辈子。

沈若安看见夏小鱼，也犹如《红楼梦》里宝玉第一次见黛玉，"这个妹妹我见过"，他还以为记忆出问题了，这么熟悉的一张脸，怎么就想不起来在哪儿见过？

人们通常将这种第一眼就看对了眼的情况，称之为缘分，只因在人群中多看了你一眼，从此再也没能忘掉你的容颜。但心理学家说，这只是一种人人都有的即视体验罢了。

当然，沉浸于爱情中的男女是听不进这一套的。夏小鱼和沈若安那时都坚信自己找到了一生所爱。

夏小鱼是美术系的学生，沈若安是物理系的学生，一个在遥远的北校区，一个在遥远的南校区，交集不多。好在大学的课程很闲，两个人经常在下课后牵着手去吃饭、看电影、散步、逛街，做一切情侣都会做的事，亲密得好像一个人。

沈若安是物理系的优等生，大三就已经被内定了保研名额。夏小鱼则是懒散的艺术生，工作没着落，还时常满身颜料，背着画具四处乱晃。气质性格迥异的两个人，相处这样融洽，这让周围的朋友很不解。

“没什么奇怪的，他（她）是我命中注定的人啊。”夏小鱼和沈若安不约而同地说出这句话，随即相视而笑。

都说爱不爱，适不适合，能不能在一起，不是一回事。可是在夏小鱼和沈若安那里，看起来就是一回事。谁都认为他们两个永远不会分开，他们会变成忠贞美满爱情的榜样，用一辈子写完一个和初恋情人相爱从一而终的童话故事。

到了大四，沈若安因为提前修完学分，开始一边做毕业论文，一边跟着研究生导师做课题。一下子忙碌起来，他陪夏小鱼的时间就少了很多。幸好夏小鱼有很多打发时间的方法，并不苛求他的陪伴。

毕业时，夏小鱼仍然改不了闲散的习惯，也没有找到一份满意的工作。沈若安告诉她，别着急，慢慢来，学美术的本来就不好找工作。那个时候，沈若安住进了研究生宿舍，夏小鱼则开始在学校附近租房住。沈若安因为偶尔也过去住，于是付了一半房租。但很快，夏小鱼连一半房租也付不起了。

她仍然没有找到工作，总是嫌工资不高，嫌工作内容太枯燥，嫌限制太多。她有时会把自己关在屋子好几天，不吃不喝，投入地画画。

“为什么不能靠这些画养活自己呢？我想要画画啊。”

沈若安那时除去父母给的生活费，就只有学校提供的研究生补贴和每半年一次的奖学金，并不宽裕。况且他因为平时要上课，做课题，忙得不可开交，也没有打工赚钱的时间。他很想对夏小鱼说，先找份工作养活自己吧，不先养活自己，谈梦想有什么用？但之前对她说别着急，慢慢来的人也是他，这时他怎么好再开口？

都说在爱情里，两个人要并肩。

至少，一个人拖着另一个人是不会走向幸福的。

终于，沈若安再也付不起夏小鱼的房租和颜料费了，他找夏小鱼谈，她像是刚刚意识到这个问题，一脸茫然。

“你应该先找份工作养活自己。”沈若安终于说出了这句话。

夏小鱼也终于找了份足以糊口的工作，是在一家小广告公司，做美术设计。

问题解决了，但日子却过得越来越乏味。夏小鱼整个人好像失去了光彩，回到家就关进房间画画，话也懒得说。

沈若安有时做一桌子菜，把夏小鱼从房间里拖出来吃，夏小鱼也会动筷子，问她话，她也会说，但是，沈若安发现，她在注视着其他地方，她的心，去了其他地方，她的世界，他再也进不去了。

其实沈若安也不知道他们的爱情是被什么东西毁掉的。

他想，假如他是一个足以供养夏小鱼梦想的男人，这份爱情是不是就可以维持下去。

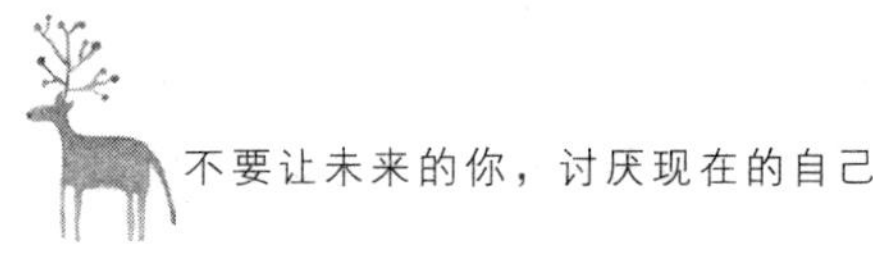

但世事不能假设，他做不到，至少，现在他还做不到。

《大话西游》重映时，身为周星驰铁粉的朋友嚷着“我们都欠星爷一张电影票”，硬拉着我去看。

其实我并不爱看这部风靡了二十年的经典之作，但看到紫霞仙子躺在至尊宝怀中死去，说出那句“我猜中了开头，却猜不中这结局”时，仍然感慨得一塌糊涂。

爱得浓烈时，谁都会生出错觉，以为幸福可以永恒，以为只有自己是例外，可以逃过命运的翻云覆雨。但其实每个人都如紫霞仙子一样，猜得中开头，却猜不中结局。

沈若安和夏小鱼当初何尝不是以为彼此是自己一生所爱，直到分手的时刻来临，他们才第一次知道，原来爱情的变质会来得这样悄无声息。

夏小鱼离开了，辗转过好几座城市，和好几个人相遇，相爱，分离。后来她终于卖出了自己的第一幅画，接着是办第一次画展，第一次出国参展，如今，她嫁给了一位画商，在法国定居，丈夫为她买了一幢别墅，作为她的专用画室。

她没什么改变，仍然是当初那个只知道画画的女孩，好像活在现实之外的另一个世界，天生的艺术家。

偶尔，她会想起自己的初恋，那个名叫沈若安的优等生，那个无法容忍她骨子里的懒散和不切实际的男孩。现在的丈夫，很理解她，几乎理解过头了，他甚至对她说：“尽情地画画吧，其余的一切都由我来搞定。”

但夏小鱼很怀念沈若安，就像怀念一段并不完美的青春。在那段青春里，她被困在现实的苟且面前寸步难行，而他被她的止步不前拖住，无能为力。

那是她第一次知道，爱并不是理所当然的事。

有一年，她生了病，病好后，丈夫劝她休息一阵子。无所事事的夏小鱼不知该做什么，于是决定回国看望父母。

陪父母逛街时，夏小鱼心不在焉地四处看风景，忽然在人群中看到了沈若安。

这一次，是真正的久别重逢了。

四目相对。

沈若安想，这么多年，她都没怎么变。

夏小鱼想，这么多年，他变了好多。

他带着妻子和女儿，从商场出来，提着大包小包，身材已经微微发福，再也找不回当年那个优等生的模样了。没有打招呼，他只是匆匆看了她一眼，然后走向街边停着的一辆车。

车开走了，像一滴水汇入海洋，再也找不到。她生命里最难忘的那个人，终于成了这世上随处可见的普通男人。

此后，夏小鱼再想起沈若安，已不再觉得怀念。

所有的相遇，都是久别重逢。但有时候，一次重逢，也足以杀死你对那段回忆的满腔怀念。因为，人是会变的。

回忆里的人，还是尽量不见吧。

没有错过，何来深爱

那天是安的生日。刚刚分手的男友，正在求复合，给她发了“生日快乐”的信息，约她去西餐厅吃晚餐，她没理他，只找了我出来喝酒。

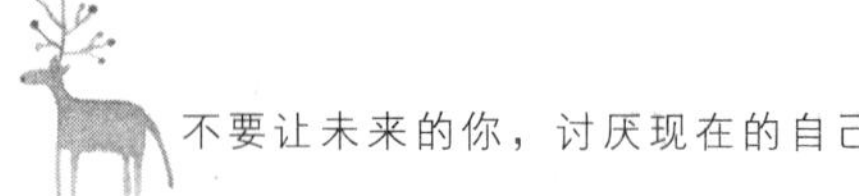

在京城某著名时尚杂志做主编助理的安，常常被杂志社的老板带去各种场合撑场面。也难怪，安有一头海藻般浓密黑发，肤白唇红，长腿细腰，打扮又有品位，和那个长相俊秀的主编站在一起，一派时尚前卫摩登艺术范儿，任何场合都是众人瞩目的焦点。

但很少有人知道，安私底下其实是不拘小节、举止相当豪放的女人。比如，她此刻脱掉自己那件漂亮的迪奥外套，将嘴上唇彩随意一擦，便无视周围来往的人群，在椅子上豪迈地支起一条腿，大叫服务员上酒。

她的男友，哦，应该说前男友，是杂志社某家广告商的儿子，算是一个不大不小的富二代，人长得不错，却不学无术，泡妞的手段很高明。

安从前谈过许多恋爱，比自己小十岁的男人，闺密的男友，全都涉足过，她甚至还和有前科的危险男人恋爱过。

她的每一段恋爱翻出来，都足以拍一部噱头十足的肥皂剧。

前男友起初并不知道安的过去，后来知道了，闹着要分手。明明他自己也是万花丛中过的男人，却忍受不了安也是这样的女人。

安干脆利落地甩了他。过了几日，他又想起安的好，死皮赖脸地求复合。

长得太漂亮也是错，安的身边总是蜂飞蝶舞，遇到的男人大多只是垂涎她的美貌，并没有几分真心。

念大学以前，安其实并不漂亮。

一百二十斤的体重，穿着肥肥的校服，梳一个四平八稳的马尾，低着头走路，只敢偷偷打量校花和男神，是那种在高中校园里随处可见的平凡得不能再平凡的女孩。她像一朵还未绽放的花，不懂得自己的美。

安那时喜欢隔壁班的男生，一个阳光帅气、好学上进的男孩。

安当然不敢表白，只是常常去找隔壁班的朋友借书，聊天，偷偷看他和别人说笑打闹。直到毕业，她都没有和他说过话。

毕业旅行时，一群人在篝火晚会上玩真心话大冒险，安输了，不敢玩大冒险，怕出丑，选了真心话。

问的当然是：你喜欢的人是谁？

暗恋的人就坐在附近。安的脸红了又红，终于心一横，将手指向他。

起哄声、口哨声、笑闹声，没完没了。安没有错过他脸上的表情变化：先是惊讶，然后是皱眉，最后是苦笑。

少年的嫌恶，很直接。

安回家蒙着被子大哭了一场。从那以后，她拼命减肥，买时尚杂志，学着化妆，打扮自己，直到终于把自己打理得人见人夸。

高中同学聚会，安精心化了一个不着痕迹的淡妆，配上及腰的黑色直发和公主裙，她看上去简直像个精致的人偶娃娃。

几乎没有人认出她。

他仍是那副吃惊的表情，眼神里却不再是嫌恶，而是惊喜。

他过来向安敬酒，说："真是女大十八变。"

安微笑着和他碰杯，优雅地抿一口："变的只是外表，我的心，没有变。"

他当时已经有女朋友，却很坚决地分了手，和安走到了一起。

不到一个月，安就甩了他。当然是故意的，但也真的是不爱了。少女时期持续三年的热切爱恋，不知什么时候已经消失无踪。

此后，安不断地恋爱，失恋，再恋爱……始终遇不到那个对的人。身边的人痛心疾首，以为她视感情如儿戏，这样下去会毁了自己。

没有人相信，她每一次恋爱都付出了真心。

勇敢追求爱情有什么错？

生日后不久，安被老板和主编带去参加一场颁奖典礼。国外许多时尚名流都有出席，老板忙着四处打招呼，安也用得体的微笑一一应对。

直到脸上的微笑开始僵硬，安才终于找到机会离开。下了楼，扶着酒店大堂的旋转电梯，找了张沙发落座，安脱下高跟鞋，揉着酸痛的脚后跟，长舒一口气。

“安？”

隔壁沙发有人探身过来。安抬起头，愣住了。

她和他分了手，离开了他所在的城市，很少回家，不再去参加高中同学会，也和所有高中同学断了联系，和他重逢的概率几乎为零。

然而此时坐在她旁边的人，毫无疑问就是他。

她的初恋。

在电话里得知安重新和他在一起的消息，我差点把手机摔到地上。

安说他毕业后随父母移民去了加拿大，然后又去了巴黎留学，现在是巴黎某品牌的中华区代理。数年不见，他已经是一个事业有成、温文尔雅的成熟男人。

当年他毫不掩饰的嫌恶，她毫不掩饰的报复，早已成为过去。

如今他们在一起，再不介意谁幼稚，再不比较谁更美，细声细语商量着周末去哪里与晚餐吃什么时，俨然一对相亲相爱的夫妻。

如果说爱情里从一而终是美德，那么安的确不该谈那么多场恋爱。

可惜，那些一眼相中，从此携手白头的故事，终究是罕见。

现实中的故事大多都是，你在人世奔波里历练出了男人的责任担当、体贴耐心，我在生活悲喜里磨去了小女生的张狂任性，多了成熟女人的懂事和温柔，然后我们相遇，相爱，才可免去多余的折磨和轰轰烈烈的悲喜，并肩携手，安度平淡流年。

不经历错的人，就遇不到对的人。

没有错过，何来最终的深爱。

谁都期盼人生有一个细水长流的结局。只是，很多人都忘了，在细水长流之前，要把风景看透。

再见了，再见了

外公去世时，我人在外地，正为一份不太适合自己的工作忙得焦头烂额，为一段不太适合自己的感情心力交瘁。妈妈一个电话打过来，还未开口，声音就已哽咽。我愣在电话这边，半天说不出话来。

“请假，我马上请假回去。”许久，我才憋出这句话。

妈妈却平复了心情，说：“不用了，已经火化了，葬礼也结束了。”

我再一次愣住。为什么现在才告诉我这个消息？

“你外公是突然发病的，心肌梗死，刚送到医院就走了。除了你舅舅，我们都没有见到他最后一面。我知道你这段时间不太好过，不想让你分心。”

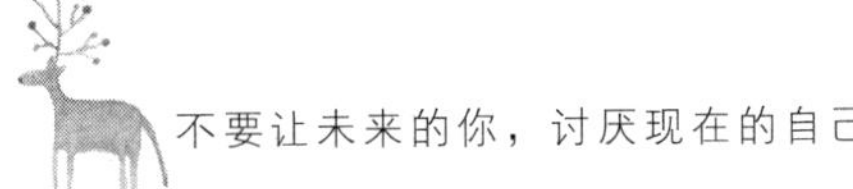

可怜天下父母心。妈妈明明自己刚刚失去了父亲，仍然不忘为女儿设身处地考虑。

“妈，我回去陪你。”没有理会她的反对，我执意做出了回家的决定。

接下来，辞职，分手，坐在回家的高铁里，想起外公，我的泪水怎么也止不住。

外公和妈妈一样，都是温柔的人，对我这个唯一的外孙女尤其宠溺，见到我就眉开眼笑，牵着我去超市买零食，去逛龙舟会；知道我读书好，会特意给我讲很多冷门的知识，讲过去的历史趣事……前不久还在一起欢笑的人，转眼就消失不见了。不管经历几次，我始终习惯不了这份痛楚。

记得大学上文学课，那个穿旗袍的美女老师为我们讲解《古诗十九首》，然后她站在讲台上温婉地问我们：“生离，死别，你们觉得哪一个更痛？”

我一直觉得这是一个无比残忍的问题。

死别当然痛苦。男友跟我讲过他最好的朋友在二十岁生日之前丧生的事。他说，那天很冷，路上结了冰，朋友清早开车去机场接一位亲戚，路太滑，朋友刹不住车，被卷入一辆卡车车轮下，当场死亡。朋友的爸爸赶来时，哭成了泪人，拼命去推那辆重达好几吨的卡车。

男友说到这个细节，湿了眼眶。怎么可能推得动呢，可是听说他爸爸就那么拼命去推，想把那辆压住了儿子的卡车推开。男友那天夜里才得知消息，当时他也只是个十九岁的大孩子，接到电话，发了好久的呆。然后去敲爸妈的房门，他也不知道该说什么，只是站在那里看着爸妈，一直发抖，心脏像被钝刀割着，痛得厉害。

失去挚友的痛，至今仍在，他甚至都没来得及说一声“再见”，就再也见不到了。

生离当然也痛苦。当初和男友在异地上学，最难过的时刻就是每一次短暂相聚之后的分离。在车站久久地握着彼此的手，最后站在月台上看着列车绝情而去，整个身体都像被撕裂一样痛。我泪如雨下地计算着下次见面的日子，想到还要那么久才见面，就会觉得中间这一大段需要独自度过的日子变得无比灰暗，毫无意义。

后来，深爱过好几年，彼此都以为未来肯定会在一起，谁知转眼已成了最熟悉的陌生人。一朝离散人海，从此老死不相往来。我知道他还活着，他知道我还活着，是生离，却痛如死别，明明心底还留存着一线希望，一丝痴心，却只能硬生生压下来，告诉自己不能再打扰，不能再相见。

生离的痛，死别的痛，怎能比较，怎能放在天平上精确衡量？

这一生，我们都是走过无数个路口，和无数人告过别，说过无数次“再见”，然后在一次次“再也不见”的痛楚和遗憾里成长。

起初，总以为时日还长，转过一个路口就会再见，所以把一声声“再见”说的轻易。后来才知道，并非所有“再见”，都是放学回家，第二天早上就能见到的“再见”，不是有缘就会相见的“再见”，有的“再见”，是说时无心，到天人永隔时才知是一语成谶的“再见”，是此生再也不会相见的“再见”。

记得上大学后的第一个寒假，刚到家，父母就告诉我，前两天附近出了一起车祸，在车祸中丧生的人，是一个和我差不多大的女孩，好像还和我念同一所高中。我大吃一惊，忙问是谁。

父母告诉我名字，我的脑海里立刻浮现出那张清瘦苍白的脸，总是戴一副小小巧巧的眼镜，说话时细声细气，是个害羞又温柔的女孩。

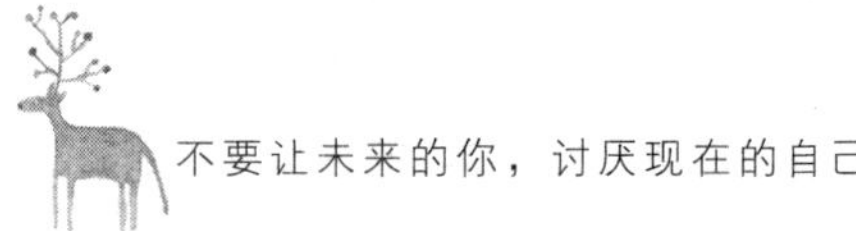

十八岁的年纪，处在花朵含苞待放的时节，就这样陨落了。

我和她不算熟，却也同窗了三年，毕业的时候一起拍了毕业照，一起吃饭，偷偷喝了酒，笑着说了再见。

谁也没有想到，一声再见，原来是再也不见。

人的成熟，大概都是从第一次郑重地道一声“再见”开始的。要经历生离死别的痛，才懂得去珍惜身边的一切。

小时候，你以为父母永远会在身边，长大才知道，如果不出意外，他们肯定会先一步离你而去；小时候，读六年小学都觉得像一辈子那样漫长，转眼间，却已结束了十几年的学生生涯，和所有的同学老师告别，开始在社会上打拼；小时候，得到一个洋娃娃，得到一张漂亮的糖纸，交到一个新朋友，都以为能拥有一生，长大却发现，那些在你身边的人，不知不觉已换了一茬又一茬了。

终于，你开始去理解这个事实——总有一天，所有的人都会离开你，就像你总有一天会离开所有人。

《千与千寻》里说：“人生就是一列开往坟墓的列车，路途上会有很多站，很难有人可以自始至终陪着你走完，当陪你的人要下车时，即使不舍，也该心存感激，然后挥手道别。”

所以那一天，我去了外公的墓地，久久站在那里，手抚过墓碑，在心里轻轻说：“再见了，再见了。”

无论生离，或是死别，我们终将在另一个世界里再见。

趁我还年轻，趁我还爱你

前阵子，收到大学好友小璇发来的结婚请柬。一瞬间，有一种放下心口大石的感觉。这孩子，终于要结婚了啊。

她在请柬里贴的照片，不是结婚照，而是她和男友在大学时代的一张合影。照片上，她穿着他的篮球服，扎着马尾，他穿着最简单的白T恤，两个人都笑得眉眼弯弯，都还是青涩的模样。

他们是彼此的初恋。

大一相识，大二确立关系，大三在校外租了房子同居，毕业分手。简直是大学恋爱的标准版本。

那时的小璇，一派天真模样，会跟我说她第一次恋爱的心情，说他向她表白时她说了什么，说他的幽默、善良、固执、小脾气，她甚至还让我陪她一起去买安全套。那是她的第一次，她慎之又慎，却也带着掩饰不住的甜蜜。

但是，毕业分手季，她和他也不可免俗地分了手。

那时他们多年轻啊，像刚刚启航的船，乘着风，迎着朝阳，自信哪里都可以抵达，相信未来延伸至无限的远方。

小璇签了广州的公司，而他签了北京的公司，一南一北，千里之遥。两个人都是倔强的孩子，谁也不肯为谁让步，轻易就分了手。

她怪他不体贴，他觉得她不温柔。倔强着，倔强着，两颗年轻的心之间终于筑起了一堵墙。

在无限的未来面前，爱情，似乎变得不那么有吸引力了。

小璇开始了她在广州的工作、生活，和我聊天时，也不再提及他。

一年后，她交了第二个男友。是比她大的成熟男人，处处照顾她，迁就她。

像是一种补偿，从那个任性倔强的初恋男友那里得不到的体贴，她想要在另一段感情里尽情享用。

那一年，我去广州出差，和小璇见面吃饭。当时，她的新男友也在。餐桌上，他为她把鱼刺挑干净，叮嘱她喝汤别烫到嘴，简直像照顾女儿一样。

我在一旁调侃小璇找了个会照顾人的好男人，心里却隐隐觉得他们并不般配。

小璇是多么骄傲的女孩子，走在街头好似一朵清新的木棉花；而那个男人，太烟火气，充其量只能照顾她的日常生活，再体贴，也无法贴近她的心灵。

以后的日子那么长，当她面对他无话可说时，该怎么办？

那时小璇的工作需要经常出差，总是被派往各个城市，飞来飞去，偏偏她又有恐飞症，一上飞机就发抖。但她不肯示弱，咬牙承担了下来。每次出差去机场，她都会在关手机前给我发信息，说几句硬气话：要真遇到事故死了，也值了，毕竟飞机上有几百号人陪葬。

她穿着漂亮的裙子，带着得体的微笑，在不同的城市里和不同的客户周旋，从未让恐飞症影响工作。

她真是倔强到让人心疼。

我不确定那个为她挑鱼刺的男人是否会为这样倔强的她心疼。

有一次，她飞北京出差，需要在那里逗留几天。工作结束，正赶上周末，她也就索性把回去的日子推迟了，打算在北京玩两天。

走在北京街头，她到底还是忍不住给初恋男友打了电话。他的号码还没换，电话那头的声音仍然熟悉。问候了几句，他说不如见面聊。

约在了鼓楼一家由四合院改建的餐吧，她和他坐在院子里聊天，一直聊到天空浮起星星。那个时候，北京的空气还不像现在这么差，天空的星星一粒粒闪着光，看得很清楚。

回到广州，小璇几乎立刻分了手，重新找了房子，一个人搬了出来。

和初恋重逢，她才意识到，原来自己一点也不爱现任的男友，哪怕他把她照顾得无微不至，不爱就是不爱。

我一直都知道，她看起来柔柔弱弱，其实是个相当利落的女孩。但我没想到她竟然利落到这种地步，只是和初恋见了一面而已，他们只是叙了一点旧，聊了几个小时天，除此，什么也没有，没有承诺，没有表白，她甚至都没有试探一下，就这样完全不给自己留退路，恢复了单身。

换了别人，或许要权衡一下得失，小璇却完全没有犹豫。

有时候，我们为一段感情寻找许多附加条件，要长得好看，要温柔体贴，要知冷知热，要会说话，要有房有车，要有事业，要有上进心，但其实到头来会发现，我们需要的，只不过是一个懂自己、聊得来的人罢了。

似乎直到这时，她才第一次完整地回忆起大学那段初恋。当初和初恋男友分手，她觉得自己做了正确的决定，终于不用再纠结于谁付出更多，谁更在乎谁。但现在她想起来的，全是他们曾经共度的美好时光。

他陪她轧马路，听她聊很多异想天开的想法；他理解她的小怪癖，允许她在做自己的事情时任性地不理会他；他懂她，为她做很多浪漫的事；他知道她不喜欢花店里死去的花，就自己种花，连着花盆一起送给她……

很多很多的回忆。

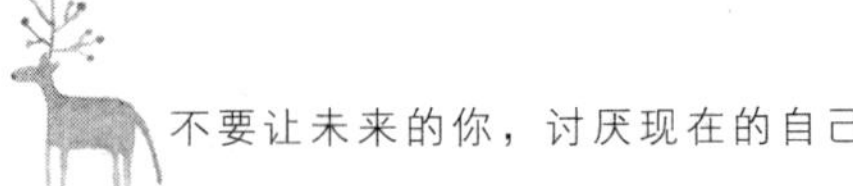

明明她还爱着他，不知道为什么就那样决然地分了手，然后骗自己说，爱情不在了。

或许，年轻的时候，谁都要犯许多错，才看得见对自己真正重要的东西。

小璇终于知道，爱是怎么一回事。

后来，她每次出差北京，都去见他。她没有告诉他，她有男友，而且已经分手；他也没有告诉她，他那时有女友，没过多久也分了手。

他们都不提爱情，只聊生活。但彼此都知道，曾经阻隔了他们的那堵墙正在慢慢倒塌。他们重新理解了彼此。

从前，一个要去南方，一个要去北方，理直气壮，觉得自己的选择权神圣不可侵犯。如今，她说，我找机会来北京；他说，我其实更喜欢南方的生活，温言软语，有商有量。

这一商量，就是好几年。

他的工作上了轨道，她的工作也正是风生水起之时。不同于当初的互不相让，这一次，两个人都不允许对方让。

“日子还长着呢。”他这么说。

彼此都是对方的初恋，俗套地分了手，最终却能够复合，这样的爱情并不多见。

但真要复合了，也只能说这是真爱了吧。

慎之又慎地考虑之后，他终于辞了工作，到了广州，开始实践早年想开一间球馆的梦想。

她又出钱又出力，在一旁默默帮衬。球馆开张时，她拍了照片发朋友圈。我问她：“你是老板，还是老板娘？”她笑说：“我是老板的老板娘。”

去广州参加婚礼，她穿一身月牙白的鱼尾礼服，头发挽在脑后，站在他身边笑，温婉而妩媚，不再是多年前那个青涩的、笑得眉眼弯弯的女孩了。

他仍然白皙干净，眉眼看起来却温柔谦和许多，也不再是多年前那个青涩的、倔脾气的男孩了。

但他们站在一起，会让人觉得，真好啊，就好像时光无休无止地流逝，带走了所有的青春年华，带走了所有美好的人与事，唯有她和他，紧紧攥住了最初。

我独自一人，但我相信爱情

邵贝幸的名字是父母两个人一起取的。

邵是父亲的姓氏，贝是母亲的姓氏，最后的幸字，既代表她是父母爱情幸福的结晶，也希望她能幸福地成长。

但讽刺的是，她的父母在她五岁时便离异了。

为了争夺她的抚养权，两人在法庭上大打出手。

那时，她已经有记忆。虽然不清楚为何她最后跟了母亲，但是两人扭打的难堪画面，一直伴随着她的生活。

自五年级开始，便有男孩子送给她糖，试图赢得她的好感。她大方地把糖含在嘴里，却从来不正眼看他们。

母亲和朋友开了一家翡翠首饰店，熟客时常上门来，生意也算红火。所以，邵贝幸从来没为生活费伤过脑筋。父亲时常好几个月不露面，只是按时寄来微薄的钱财，以此证明他们之间确有血缘关系。

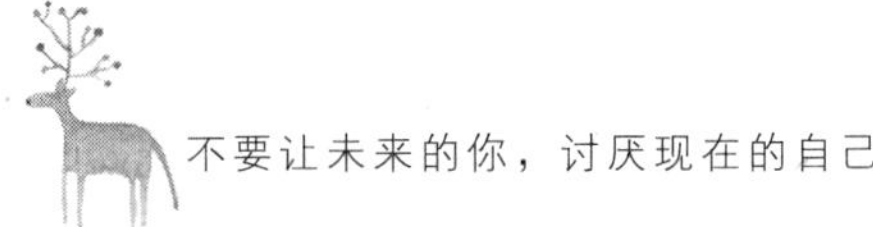

年岁渐大，她越发出落得好看，也曾与几个男生约过会，但从未正式确立过情侣关系。她只是对他们有好感，却从心底不相信世界上真有爱情这回事。

她正值妙龄，却比男性还要理智。

五岁时父母那场争女之战，到底给她的生活烙下了抹不去的伤疤。

大学时，邵贝幸选了时装设计专业。同学们利用专业优势争奇斗艳，仿制国际大牌新款服饰，自己动手裁出来。独独邵贝幸设计自己原创的衣服，特立独行，倒也别有新意。

她设计的服饰，只有两个色调，白色和黑色。

在她的世界里，非黑即白，不存在中间的过渡色彩。

她不迷恋彩色，她说彩色是最蛊惑人心的颜色，它给人以幻觉，让人在误以为真的时候又赤裸裸地揭露真相。

毕业之后，她拿着自己的设计跑遍各个服装企业，对方都以她设计的衣服太单调为由拒绝。其中有一家企业问她，愿不愿意按照他们的想法设计当下流行的衣服。她礼貌地摇头。

她是倔强的人，是不肯妥协的人。同时，她也是最孤单的人。

四处碰壁后，她在母亲的资助下开了一家小型的服装设计工作室。

为了节省开支，她只招了一名业务助理，负责把她设计出来的服饰，推广到各个企业中。

有了自己事业的女人，更没有时间恋爱。

她的工作室渐渐被行业认可，有了一定的知名度。而她已三十二岁，成为一枚真正的大龄剩女。

母亲一直问她最近有没有和男人交往，她只能一味推脱，说还没有遇见合适的。母亲替她着急，对她说不要再挑，差不多的就将就一下。

她忽然被惹怒了，对母亲说将就的后果就是离婚，还要死死争夺一个拖油瓶。母亲被呛得说不出话，自此之后不再刻意去问她的事情。

邵贝幸觉得自己出口重了，却不愿低头认错。她想，至亲之间，都要这么顾及面子，更何况是情侣之间。

她心中始终有死结。

业务助理二十七八岁，也是单身一枚。两个女人惺惺相惜，把工作当成唯一打发时间的利器。

邵贝幸并不知道，除却设计纯色的服饰，她在做媒人方面也有天赋。

那天下午四点钟，一个大客户的秘书前来拿设计稿，邵贝幸吩咐助理去泡茶。她们正低着头讨论刚刚设计好的服饰细节时，有人自门外走进来，安静地坐在办公室的一角。

过了一会儿，邵贝幸抬起头来，看到表弟的眼睛紧紧盯着秘书的后背，便立即知道表弟已被这个认真工作的女孩儿吸引。因而，她吩咐助理提前下班，自己也以到对面买杯咖啡为借口走出门。工作室里只剩下表弟和秘书两个人。

邵贝幸掐准时间，足足过了四十五分钟才捧着三杯咖啡往回走。

站在玻璃门前时，她看到表弟和秘书正在絮絮叨叨地谈话。她笑着走进去，表弟喜笑颜开地转过头来说道："是咖啡的味道。"她巧妙地更正他："不，我闻到的是爱情的味道。"

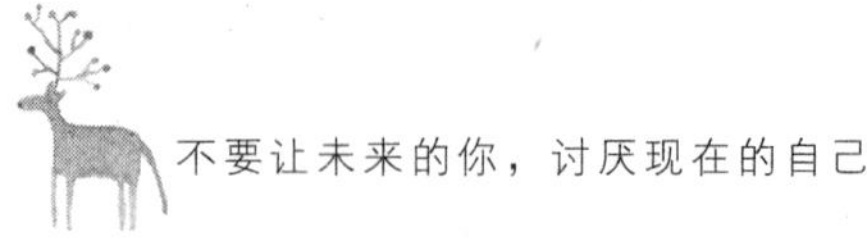

果然，秘书在完成工作任务后，与表弟双双离去。

她陷进座椅里，不禁唏嘘，为什么在别人那里，爱情是那么简单的事。

其实她明白，是她自己执意要关闭心里那扇管着爱情的门。

秘书时常到邵贝幸的工作室谈合作事宜，表弟就坐在一旁看他们忙碌，不时递上一杯热水。等他们一起离开后，助理眼红地走到邵贝幸面前，让邵贝幸也给她留意一点。

她乐不可支，真把她当红娘了。

她知道助理家境不好，所找的伴侣应当有财力适当承担她家庭的负担。同时，助理又是一个相对独立的人，希望在工作上有所发展，因而另一半应当支持她的工作，给予她一定的自由。

邵贝幸像是一个心理师那样，把别人的需求与渴望看得一清二楚，但她绝少给自己那样的机会。

在一个周五的下午，她带着设计稿去一家公司开会。

与她对接的是公司设计总监，他穿着白色衬衫，隐约可以看到里面的背心，表达设计理念时，不卑不亢，懂得为他人留余地，也合理照顾自己的利益。

邵贝幸对他欣赏有加，忽然想起自己助理的请求。他们把设计的思路都理顺后，她并没有像往常那样即刻离开，而是端起那杯还没有凉的水，像话家常那样问他，他心仪的女子是怎样的。

他倒也大方，说不太喜欢花哨轻浮的女人，朴素懂事就好，能在一起过日子，偶尔吵架也不会有隔夜仇。

“当然，长相也得过得去。”他又补上一句。

她对他的好感又添三分，毫不犹豫地问他，周六有没有空，想请他吃一顿饭。

他以为是她在对自己暗示什么，脸上出现犹豫为难的表情。幸好她心思灵通，立刻说道："不不不，你误会了，到时候我会带一个长得过得去的女孩儿一起去。"

那一顿饭吃得格外舒服。邵贝幸没有提前告诉助理饭桌上会来一位男性，只是叫她随意打扮，当作打发无聊的时间。

因而，助理那最自然的姿态，让那位设计总监非常欣赏。

吃饭期间，服务生不小心把饮料洒在她的裙子上，她也只是拿起餐巾纸擦了擦，对忙不迭道歉的服务生说没关系。

他把这一切看在眼里，朝邵贝幸眨眨眼睛，表示感谢。

邵贝幸在心里对自己说："看，又成一对。但是，什么时候轮到你？"

有了男友之后，会发觉时间严重缩水。

自吃完那顿饭后，她的助理一到下班的时间便跑得没影。深夜的办公室里，通常只剩她一个人。

不是她不想回家，而是回到家之后，仍旧是一个人。但是，即便如此寂寞，她也没有准备好让爱情登堂入室。

母亲不知道从哪里听来的风声，看似不着痕迹地对她说，别光顾着撮合别人，也得惦记着自己。

她唯唯诺诺，试图把话题岔开。而母亲有意把疙瘩解开，就对邵贝幸说道，她已经走出婚姻破裂的阴霾，邵贝幸也不必再执意纠结过去。人和人之间固然靠看不清摸不着的缘分维系，但更多的时候也要看人力的运作。

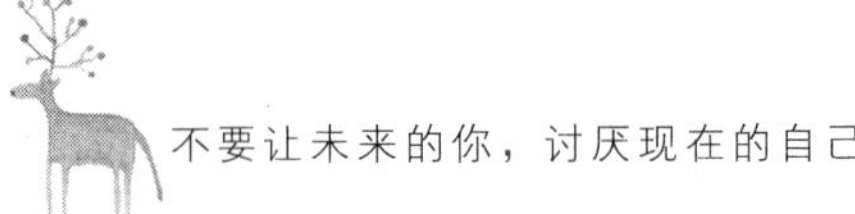

母亲说出那番话，便走出她的房间。她慢慢地打开衣柜，看到衣柜里面都是白色和黑色的衣服。她把一切都分得太清楚，但感情不能太理智，太较真。

邵贝幸依旧超时工作，但她开始购置一些其他颜色的衣服，如说淡蓝的针织毛衫、雏菊黄的上衣、薄荷绿的裙装。

她也开始把只有润唇功效的唇膏换成枚红色的口红，再轻轻擦上一点粉，她像是年轻了五六岁。

她又活了过来，有闲情打理工作室里刚刚开放的紫罗兰。

助理看到她逐渐懂得生活情调，打趣地问："是准备好迎接爱情了吗？"

她听到自己说道："是的。"

生活这么枯燥，工作也这么枯燥，而爱情总有点石成金的功效。

并不是做好准备后，爱情就会即时登上门来。月下老人只有一个，排着队等着拿爱情号码牌的人那么多，总得需要些时间。

幸好邵贝幸也不是急性子的人，她还是能安安静静地坐在办公桌前处理工作。自从助理和那个设计总监确立情侣关系后，她的工作室也便有了保障，两家签订了长期合作的合同。

那家公司里多半都是大龄的单身男女。邵贝幸去那家公司开会时，设计总监的小秘书大着胆子建议她举行一次联谊派对，凡是公司的单身人士都可以参加。

她看看设计总监，总监一副默认的样子，她啼笑皆非，只得接受。

在那次派对上，单身的女人尽显妖娆本色，单身的男士们则拿出绅士风度，派对还未结束，已经有好几对男女携手走出热闹的自助餐厅。邵贝幸笑而不语。

助理捧着一杯冰激凌坐到她身边，碰碰她的胳膊，问她有没有看上其中的某个人。她笑着摇头，装出一脸无奈的样子，说道一直忙着给别人做中间人，月下老人倒忘了中间人仍旧独自一人。

她们两个正说着话，邵贝幸转头就看到总监的小秘书在无聊地一手支着头，一手拿着叉子叉一块小蛋糕。

她笑着走过去，说："这里有这么多单身男士，很多人已经双双离去，你为什么还没有找到？"

小秘书苦涩地笑，说："可能是自己太挑剔。"邵贝幸问："挑剔怎样的人？"小秘书说道："我也说不清是怎样的人，妈妈曾经告诉我，看见那个人后我内心应该会一下子亮起来。"

邵贝幸只是笑，并不说话。她从来没有因为看见某个人，心中产生亮堂堂的感觉。

她环绕四周，只见人群攒动，不见带给她光的那个人。

她只好坐下来喝一杯果汁。

邵贝幸的助理把参加派对的人分摊的费用交到她的手上，告诉邵贝幸她一会儿还要和男友约会，要提前离去。

参加派对的人纷纷离去，就连那些落单的人在吃饱自助餐后也走出了餐厅。派对也就自动结束了。

而邵贝幸独自坐在餐厅里，像白色裙摆上那朵荷花那样寂寥。

一直坐到晚上十点，她终于拿着助理交给她的款项走向结账柜台。

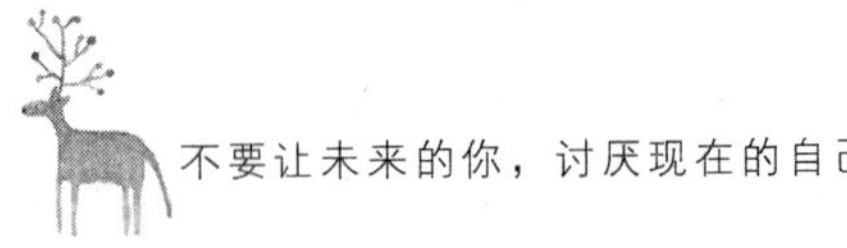

她看到柜台前站着的男人并没有穿相应的服务制服，而是穿着随意的白色T恤，理着平头，干净清爽。

这家餐厅是昏暗系的装修风格，晚上的灯光打得并不亮，但她却仿佛觉得刚刚钻出隧道，看到了令她震颤的光晕。

她是这家自助餐厅的老顾客，知道柜台前站着的人不是服务生。

她慢慢地走过去，把钱交给他，并随意和他攀谈起来。

她问他，以前的服务生去了哪里。他回答，和来这里参加派对的一个女孩儿去约会了。她笑得弯下腰，对他说，她是这次派对的红娘。他接着说，红娘也不该落单。

她揉揉眼睛，怕眼前的光是梦里的场景。她胸口的那颗心跳得格外欢快，这应该就是爱的感觉吧。

她听见自己问他，下次来还会不会看见他。他递给她一张名片，她才知道他是这家餐厅的老板。她把名片郑重地放进自己包的夹层里，那时她已经记住了他的电话。

在回家的路上，她听见两个自己在对话。

“你相信爱情吗？”

“比任何时候都相信。”

“结束单身还需要多久呢？”

“或许是下一次见到他的时候。”

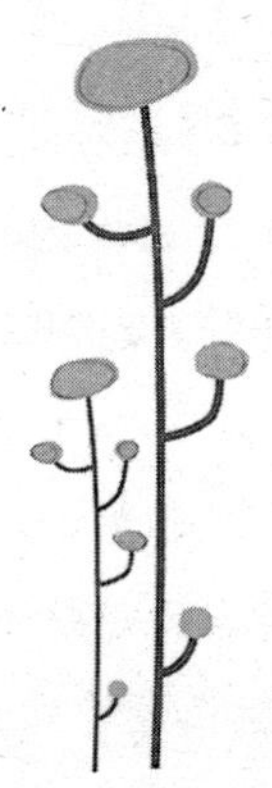

PART 5

从你的全世界走过

时光终会愈合一切

电影《丈夫得了抑郁症》里有一处细节，我印象极深。

妻子小晴在得知丈夫得了抑郁症之后，在日记本上画下一个可爱的漫画头像，然后写下一句话："我才不努力呢。"像是在对命运卖萌撒娇，好哄得它网开一面。

命运待她不厚，让她的丈夫得了抑郁症。

呆萌大叔堺雅人扮演的丈夫，病后无心上班，睡不着觉，也没有食欲，却仍然每天准时起床准备早餐和便当，准时出门。结果，他没有去上班，只是坐在公园长椅上长久地发呆。他想，不行啊，我必须振作啊，努力啊。但他仍然只是呆坐在那里，无法振作，也无法努力。

直到小晴告诉他，没关系，不努力也可以。

他终于放松下来，不再自责，不再把自己逼得无路可走，日复一日在庭前看春花秋月，夏晴冬雪，云卷云舒，内心终于平安喜乐。

命运终于接受了他们的卖萌撒娇，网开一面。

两个小时的电影，在舒缓安宁的画面和配乐里缓缓沁入我的心。

我记得很清楚，那天是跨年之夜。

网上有人调侃：和恋人一起，那才叫跨年；没有恋人，只能叫熬夜。我那时刚刚和恋人分手，跨年跨得的确没有滋味。

午夜十二点的钟声敲响时，我一个人窝在床上，回想起的全是过去几年和他一起跨年的情景。我和他在江边相拥着看烟火，在山顶俯视城市夜景，在街道广场上等待倒计时……所有的场景里，都有暖到指尖的爱意。

而如今，我身边最暖的唯有北京冬夜的暖气了。

电影里的医生说，抑郁症就像是一场心灵的感冒。我想自己是得了一场爱情的感冒，无论如何都痊愈不了。生活里转身回头，动辄就是割舍不断的回忆。他曾经侵入我的生活太深，如今抽身就走，留下满目疮痍，待我一点点收拾，却又百般收拾不起来。

我努力地想要从失恋的阴影里走出来，努力地想要忘记他，结果却陷得更深，记得更牢，一点办法也没有。

看到小晴说出那句“我才不努力呢”，我忽然就自暴自弃地想，不如就不努力了吧。

真的不努力了。

想哭的时候就哭，想脆弱的时候就脆弱；想念他的时候，那就想得天昏地暗；难过的时候，干脆去看一场催泪电影。放任自己在情绪里，管都不要去管它。

照样每天爬起来去上班，为一个案子和老板争预算，跟设计磨细节，被客户虐，状态不好，那就请假，去购物，去旅行，去学一门乐器，学一门新技艺，哪怕只是学做一道菜。

就算一辈子都走不出来，那又怎样，至少证明我深情吧。

真的觉得随便了，怎样都好。

那段时间，恰好深圳的闺密来北京，带她去藏在胡同深处令人惊艳的泰国餐厅吃饭。七拐八拐间，她忽然说：“这么多年了啊。”

一谈起时间，仿佛连空气都变得文艺起来。

的确，这么多年了啊，自从高中毕业，各自念不同的大学，在不同的城市工作，见面的机会就变得极少了。

原本过年回家可以见面，但闺密那几年总在异地陪男友，从不回家。

看着他们如此情深义重，想必已经订了终生，谁知前两年，他们还是分了手。而且据说还是男友劈腿。

分手那会儿，闺密刚开始工作，情绪状态极不稳定，工作上犯的错误也多到难以容忍的地步，每天被总监骂，被直属上司骂，回家还要一边抱着专业书籍啃一边写方案，想第二天提案的时候到底要怎么说。她睡眠严重不足，压力大到胃痛，却也没有可以休息的余地。

干脆辞掉这破工作得了，这个想法每天都在她的脑子里过一遍。然后总有另一个声音说："不能认输啊，怎么可以这么懦弱呢？不就是分个手吗？女人既然没男人可拼，当然就得拼事业……"

每一天她都拼工作拼到极限。但是错误照样会犯，总监照样会骂人，一点起色也没有。

终于，她翘了第一次班。那种感觉实在太好了。她关了手机，美美睡了一觉，醒过来时夕阳漫天，浑身筋骨舒爽。

但第二天去上班，所有的问题还是一样的问题，没有任何改变。

她简直快要绝望了，想着自己什么时候才能走出这个痛苦阶段。一定要走出来啊，不然就完了，她那时候是真心这么认为。

直到有一天晚上，她在加班写方案的途中睡着了，醒过来发现已经是早上七点钟，吓出一身冷汗，这下真的完了，今天是给客户提初案的日子，九点开始，可是她的方案才写到一半。

最后她坐在那里，以前所未有的速度思索，写文案，做PPT，只花了一个小时就写完了方案，然后赶紧打车去公司，正好赶上提案之前的准备工作。

那次提案，居然被客户和总监表扬了，说她文案写得不错，有几个创意点也很有意思。

第一次被夸奖，居然是这个一小时做出来的案子。

原来即使在最糟糕的状态下，也能做出好案子。

闺密忽然如释重负。

那么，不努力从这个状态跳出来，也可以吧。

深夜痛哭，脆弱的时候自怜一下，在自己的情绪里撒撒野，也是可以的吧。

后来到底是什么时候忘记男友的，我也好，闺密也好，我们都已经记不清楚了。

我只记得有一天我们共同的朋友说起他最近的消息，我只是心如止水地“哦”了一声，这才惊觉自己已经好久不曾想起他了。

而闺密是看到他晒出来的结婚照片时，发觉自己心底并无波澜了，也不会发出为什么披上婚纱的女人不是自己的感慨。

不知不觉，那场名为爱情的心灵感冒就痊愈了。

不知不觉，就放下了。

原来这真的不是一件需要努力的事。你只需要一如既往地走在你的人生四季里，时光终会温柔地愈合一切。

想和你一起虚度时光

刷微博时看到一条信息，说人这辈子最难找到的是一个能够和你说废话，并且愿意听你说废话的人，也就是黄小琥在歌中所唱："没那么简单就能找到聊得来的伴。"

聊得来多重要，想象一下你和一个人共度一生，却什么话也不说的沉闷。趣事不能分享，小事不能念叨，想法不能吐露，思想不能碰撞，彼此的心灵无法交流沟通，爱来爱去，空虚得只剩下一个爱字翻来覆去地说，漫长的一生要怎么打发？

且不说一生，恐怕连一年都撑不过去。

某次和朋友聊起这个观点，朋友却说，也不见得，两个人在一起，享受舒适的沉默也很重要吧，总是不断说话，也够累人的。

我当时撇撇嘴，既要聊得来，又要享受舒适的沉默，真麻烦。

后来读诗，读到一句"我想和你虚度时光"，顿时醒悟，聊得来也好，享受沉默也罢，虚度时光，或许才是对爱情最恰当的诠释。

因为，只有和恋人在一起时，你只是看着他的眼睛和笑容，或者只是说一些废话，就可以虚度漫长的、无所事事的美好时光。也只有和恋人一起虚度的时光，才那么柔软，甜蜜，迷醉。

小果交第一个男朋友时，还不懂这个道理。

她的男朋友很优秀，年年拿奖学金，学习很忙，又是学生会干部，还参加了校辩论队，几乎没多少时间和她见面。偶尔闲下来去约个会，他总是把行程排得满满的，时间掐得很准，几乎精确到分秒。

他对自己要求严格，对女朋友也是。他很讨厌小果迟到，也讨厌她对他制定的行程有异议。于是，小果那时一直像赶时间一样和他约会。有时他们去吃饭，小果吃得稍微慢一些，他就会焦躁地不停看表，催促她快点吃，说一会儿还要去看电影，算上去电影院的路程，时间快来不及了。

小果偶尔也会生气，只是去电影院看场电影，难道就不能悠闲地散步过去看吗？非得这么着急忙慌的？

但是，当周围的朋友纷纷说她们受不了她男朋友时，小果又会为他说好话：他对我真的很好啊，什么都会替我想到，事先为我安排，我觉得很有安全感。

后来，小果看到一种说法，爱情的深浅和两个人轧马路的时间长短成正比。她当时想，轧马路？就是两个人沿着马路一直走，一直走，什么也不做？那怎么可能呢？难道不会觉得无聊吗？

大三寒假，小果和爸妈一起去新西兰旅游。

在惠灵顿，她和爸妈去当地的中餐馆吃饭，遇到一个当服务生的中国男孩，长得很帅，看起来也相当年轻。一问，他果然才十八岁。

“我是来实践我的间隔年计划的。”男孩兴奋地说。

“间隔年？”

“就是在读书或者工作时，给自己专门空出一年时间外出旅行，一年后再回归原来的生活。我是在上大学之前，就办了休学手续，专程出来体验间隔年。”

小果觉得这种说法好浪漫，这样的生活方式也好浪漫。

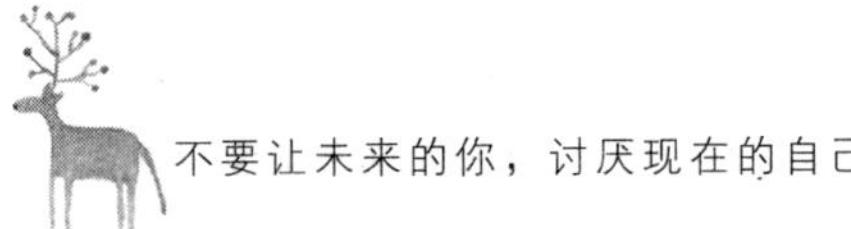

她问他大学是在哪里念，他照实说了，居然和她的学校在同一座城市。

“那你回国之后一定要来找我。”

“好啊好啊。”

两个人都很开心。

男孩说他来新西兰半年了，小果就问，有没有好玩的地方可以去逛？男孩立刻热情地说：“我的工作等下就结束了，我带你去逛吧。”

对小果来说，这真是毕生难忘的体验。在陌生的国家，跟着一个陌生的男孩，欣赏完全陌生的风景。

本以为所有城市的街道都差不多，惠灵顿的街道，大概也和她去过的其他欧洲城市差不多吧。不料在男孩的带领和解说下，一个从街边小店买来的硕大冰激凌，一队路过他们身边的角色扮演爱好者，广场上腾空飞起的鸽子，红色电车，旧圣保罗教堂的尖顶，站在桥上看到的碧蓝海港和远处的维多利亚山，全都变得生动有趣。

从下午到晚上，他们在惠灵顿逛了将近七个小时，只是闲逛，并没有特意去景点，也没有事先规划行程。

临走前，小果给了他一个拥抱：“谢谢你带给我这么美妙的时光。”

男孩说：“可惜你过几天就要走了。”

“没关系啊。”小果说，“等你过完间隔年，我们就可以在国内见面了。”

男孩回国，是在半年之后。

他入学后，来小果的学校找她，让她给他当导游，两个人又开始在这座城市四处闲逛。每次和他一起度过数小时无所事事的时光，小果都觉得浑身像被按摩过一样舒服。也因此，和男友的约会开始变得难熬了。

毕业之前，她终于和男友分手，和那个比她小三岁的男孩在一起了。

那时，男友已经签到一份相当好的工作，而那个大男孩，还只是一个刚念完大一的毛孩子。

周围的朋友都说她做事不经大脑，怎么看都是原来的男友更靠谱啊。

小果开玩笑，“你们不是受不了他吗？”

其实只是因为那些难熬的约会时光让她撑不下去而已。她不敢想象和男友在一起之后，那漫长的一生要怎么度过。而和那个独自跑去新西兰过间隔年，懂得每一处细微风景妙处的大男孩，她觉得可以有无限期待。

木村拓哉主演的纯爱剧《悠长假期》中有一句台词说得极好：“关于爱情，我们可以换一种问问题的方式，不要问在一艘快要沉没的轮船上你会救谁，而是，某个夏夜，你出去买啤酒，不小心多买了烟火，这个时候，你想要和谁一起吹着习习凉风，喝啤酒，放烟火？”

爱情，说穿了，不就是可以和你爱的人一起安心快乐地虚度时光吗？

慢慢地走，慢慢地活

亚瞳初次出行，选择了西藏、尼泊尔、印度这条人称“心灵大

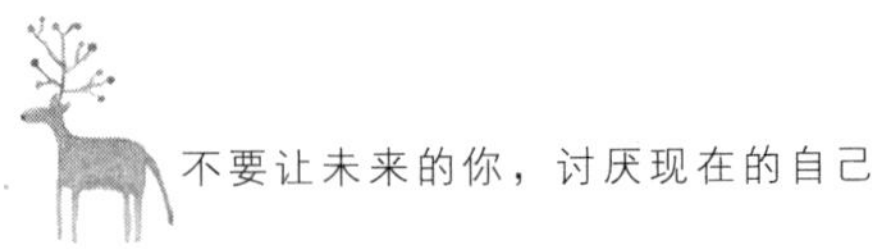

俗路”的行走路线。

在此之前，她是上海一家建筑公司的室内设计师，把加班熬夜当成寻常事，用透支生命的劲头工作着。

不是因为厌倦了设计师的忙碌和辛苦，也不是为了健康，她才辞职踏上灵性行走的旅途。而是因为她意识到，是时候了。

人这一生，真是漫长又短暂。

因为实在太漫长，所以会分出不同的阶段，会想做不同的事。

却又因为太过短暂，所以想做什么，就要立刻去做。

听从心灵的召唤，不是文艺青年的专利。陶立夏说：“人生里很多事情其实我们都只做了那一刻看来最正确的决定。”我们都是这样，不断做出自以为正确的选择，然后不断地犯错，悔改，再犯错。

得失无从权衡。也不必权衡。

对于亚瞳来说，辞掉工作，就像当初拼了命工作一样，仅仅是她在活着的每一个当下做出的选择。她不问对错，只相信每一个选择都有它的价值。

出发之前，亚瞳在斜土路的出租屋里遭遇了入室窃贼。

这个娇小柔弱的女孩，靠着一把水果刀和一副豁出去同归于尽的架势，吓退了小偷。事后，她紧攥着刀钻进被窝瑟瑟发抖，哽咽着哭得不能自已。

这次遭遇并没有让亚瞳打消出行计划。此后在路上的日子，她选择遵从自己的直觉前行，并不特意避开那些危险的路线，她甚至平安走完了那条著名的从巴基斯坦进入伊朗的“被警告之路”。

这不是旁人说的“作死”，亚瞳说，那只是一种想回归野性的冲动。

危险无处不在，无论你是在车水马龙的大城市，还是在人迹罕至的荒野。甚至活着本身，就是一份巨大的危险。

你可以选择的，永远是在哪里，做什么，以及面对这一切的态度。

亚瞳热爱设计师这份工作，正如她热爱行走。

她用全部的生命拥抱工作，正如她用全部的生命拥抱在路上的时光。

除了中途回上海工作的半年，整整六年时间，亚瞳一直在路上。

她在缅甸禅修长达十五个月，在埃及学潜水，去印度修行瑜伽，中间还回上海工作过半年。对她来说，这都是生活的本来模样，不管在哪里，都没有区别，不过就是换了些地方生活。

听说亚瞳的经历，正是我打算辞职的时候。

那段时间，微博、豆瓣上铺天盖地都是“裸辞”“辞职去旅行”的字眼，把无数自诩文艺的男女青年们撩拨得心痒难耐。

公司的文艺女青年不少，大家经常聚集在工作群里吐槽，“好想来一次说走就走的辞职啊”“好想来一场说走就走的旅行啊”……吐槽完毕，继续加班。

不然能怎么样呢？

文艺的代价毕竟是昂贵的。连薪水都没有的人，如何支付得起文艺的代价？

我的辞职与文艺的梦想无关，而仅仅是出于健康方面的考量。不是什么大病，但身心俱疲，小毛病不断。

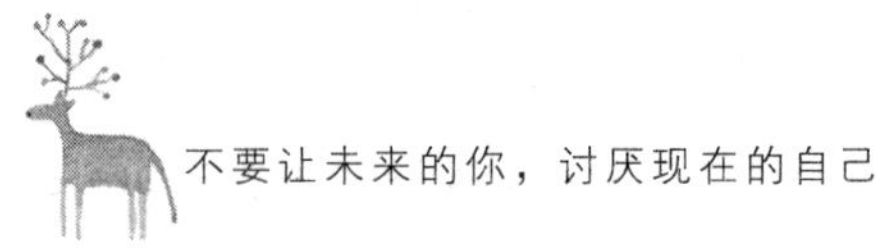

斟酌许久，我终于决定暂作休养。

我辞职后回了家，彻底屏蔽了与工作有关的人和事。

我那时早上睡到自然醒，慢腾腾洗漱，泡上一杯蜂蜜水，坐在餐桌前一口一口地抿；下午花五个小时，用文火炖一盅汤；黄昏去公园散步，和小孩子玩；夜里窝在床上看一部电影，读一本书。

无所事事地过了两个月。两个月后，妈妈说："太好了，你气色比刚回来那会儿好多了。"

我对自己说，太好了，自救成功。

回忆起工作时为了一个项目，为了上司一通责难就彻夜难眠，压力大到胃溃疡的日子，我只觉得恍如隔世。

那时的我，不肯容忍自己工作上有一丁点失误，不能忍受被责骂，为了将一份项目计划书做到完美，为了得到上司的赞扬，牺牲吃饭和睡觉的时间，加班熬夜更是家常便饭……

脸色差，黑眼圈，偏头痛，经常上火、感冒，这些小毛病，我并没有放在心上，直到在某次项目会议上胃痛到说不出话来。

从那以后，我就常常胃痛，但那一阵子恰好是我负责的项目提交策划案和计划书的关键时期，实在没时间去医院，于是我就去药店买了一盒胃药，痛的时候就吃几颗，勉强撑着继续工作。

策划案通过后，部门聚餐庆祝，吃饭吃到一半，我捂着胃，疼得冷汗直冒，被同事逼着去了医院。

医生说是消化性胃溃疡。

我再也不敢死撑，终于辞职回了家。

在家无所事事的两个月里，我并未明白多么深刻的道理，只是终于意识到，我并不是因为换了一个地方，换了一种生活，所以得到了滋养，滋养我的这一切——喝一口蜂蜜茶，炖一盅汤，散一场步，这些原本就是生活的一部分。

有时候我们之所以会走入一条死路，是因为不知道还有别的路可走。

之所以在一种生活里绝望，是因为不知道自己可以过另一种生活。

之所以苟且于眼前，是因为不知道未来可以有无数种可能。

所以，你看，其实哪里都是生活。

你不必只将朝九晚五的生活称作生活，却将无所事事的日子、在路上的日子排除在生活的定义之外。

慢慢地走，慢慢地活，忙碌地工作，去修行，去学潜水……

哪里都是生活。

爱一个人不需要卑微

见过一些在爱情中卑微付出的女孩：他说不会和她结婚，她仍然义无反顾和他在一起；他总挑她刺，说她什么优点也没有，一无是处，她却把他当宝贝，觉得他哪里都好；他说要分手，她跑到他家楼下跪求挽留；他拒绝她的告白，她却为了追随他，一个人去了他所在的城市，默默等他好几年，最终等来他一纸结婚请柬……

简直卑微到虐心。

闺密A说："太傻了，我以后绝对不要像她们这样。"

我点头表示同意。

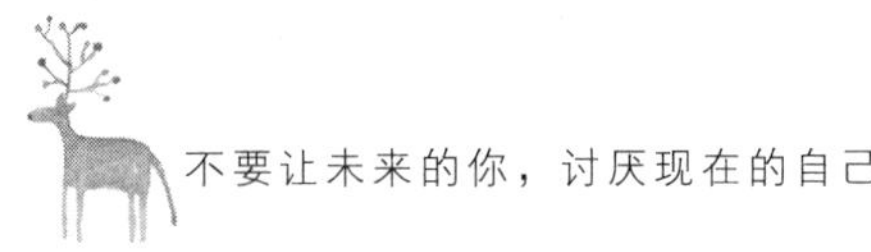

可是，当这个评判别人无比冷静睿智的女人自己一头栽进爱情的时候，比那些傻女孩们也好不了多少。

闺密A出国留学，爱上一个花花公子。

相当典型的花花公子，走在路上，眼带桃花，见到任何类型的女孩子，都能聊得火热。他来者不拒，身边总是围绕着一大堆女孩。

A是被他在酒吧搭讪的女孩之一，却幻想着成为他唯一的女孩。

和他在一起之后的某个周末，朋友约她去酒吧，她走进去，一眼就看见他正和一个白人女孩聊天，两个人都笑得很开心。

A走上前打招呼，他笑着回应她，转头又去和白人女孩聊天。A尴尬地站在那里，硬着头皮说："嘿，既然我在这里，你是不是应该改变一下计划？"

他扭头看她，笑了："我本来也没什么计划。"

没多久，他就带着那个白人女孩走了。

A躲进洗手间哭了一场，哭着告诉自己不要再见他了。

没和他联系，平静的日子过了几天后，他们又在一次当地的留学生活动上碰面了。他心无芥蒂地过来打招呼，问A最近好不好。A本来不想理他，却在忍不住开口和他说了一句话后，和他一直聊到了活动结束。

她又和他走到了一起，享受着和他甜蜜约会的时光，忍受着他心血来潮的花心，享受着他对她的殷勤和体贴，忍受着他间歇性的忽视，不抱怨，不生气。每个周末，都不敢问他有什么计划，却在他一个电话打过来时，放下手中所有的事，出现在他面前，卑微到贱。像张爱玲说的，爱上一个人变得很低，低到尘埃里。却不知道其实对方根本瞧不起。他仍然满不在乎地四处搭讪女孩子，并不认为有人为他卑微付出，他就得领情。

有人说，爱上一个人，就像突然有了铠甲，也突然有了软肋，A坐在他身边，听他和其他女孩调情谈笑仍能面带微笑时，会觉得自己穿了满身铠甲，刀枪不入。但回到寄宿家庭，胖墩墩的房东太太随口的一声问候，关进卧室，随便看一本小说，看一部电影，听一首情歌，都会让她觉得自己浑身都是软肋，一碰就痛。

而一个花心的渣男，却是从头到脚都是铠甲，没有一处软肋。任你卑微到死，为他流过的泪成了河，他也不会被感动。

当A终于明白这个道理，已是她为这场爱情瘦了二十斤，挂了五门课程之后的事了。

她打来越洋电话，哭了整整半个小时，挂了电话，第一件事就是回去请房东太太帮自己剪去了一头长发。她说，在当地理发很贵，她不想为了他花那一笔钱。

剪去三千烦恼丝，宣告失恋，很俗气的举动，却很有效。

今天的A，已从国外完成学业归来，找到了一份理想的工作。而她爱过的那个男人，却因为学分不够，继续留在那里补修。他的身边，仍是女人一大堆，但已经和A无关了。

有时不免想，为什么满脑子知识智慧、自诩聪明的我们，总是要在感情里不能免俗地当一回傻子？像韩寒在《后会无期》里说的："听过许多道理，仍然过不好这一生。"道理都懂，明明知道这么做有害无益，却飞蛾扑火一般去做。

或许是因为，不受教训，不蜕去一层皮，道理就只是书本里遥远的文字，而不能化为生命和血液的一部分。

本来，爱一个人是不需要卑微到尘埃的，你不需要倾其所有，把自己感动得痛哭流涕，才能感动他。假若他爱你，那么即使你只是对他笑一笑，他也会幸福得像个傻瓜。

你之所以卑微，不过是因为他不爱你。

不必假装云淡风轻

不知是不是因为我很善于倾听，周围的朋友一有感情问题，都愿意找我倾诉。我有时开着微信，同时听好几个人吐苦水。

A说他女朋友已经是第二次出轨了，出轨对象竟然是同一个人。他曾经和她的出轨对象打过一架，也曾经一气之下和她说分手，她却哭着闹着忏悔认错，他心软，于是和好，没过多久女友故态复萌。他问我，怎么办。

B已经结婚，老公是个难得的好男人，温柔体贴，包揽了所有家务，把她照顾得无微不至，人又聪明，会做事，事业上也正是风生水起之时。可惜B却喜欢上另一个比她小、也比她幼稚的男人，一边是完美的老公，一边是并不完美的情人，她问我，怎么办。

C则和一个有女儿、离过婚的男人同居中，男人自己经营一家外贸公司，家业颇丰，对C也很好，而C和他的女儿也相处融洽。但她从小到大的梦想是生一个自己的孩子。男人却很犹豫，担心生第二个孩子，会影响他对女儿的感情。她问我，怎么办。

虽然每个人都在问我怎么办，但我知道他们并不是真的想从我这里听到解决办法，只不过是需要有人倾听罢了。所以我只是“嗯、哦”地适时回复几句，任他们说下去。

每当听到这种可与晚间肥皂剧媲美的感情故事时，我总会感叹自己的感情经历太过苍白单调，无非是爱，在一起，不爱了，分手。

我也真心认为，爱情，还是简单点好，直来直往，爱就说出来，在一起；不爱了，也说出来，分开。幸福甜蜜地爱一场，痛痛快快地受一次伤，安安心心一个人生活，然后迎接下一次的幸福，把爱情的每一个阶段演绎得淋漓尽致，这就够了。

太过跌宕、太过纠结的剧情，听着都嫌累。

女友YY告诉我她失恋时，我正好在听另一位朋友讲述她跌宕起伏的恋情。

又是一段出轨、闹分手又复合的狗血故事。有时我觉得，他们的爱情故事之所以这样跌宕起伏，或许仅仅是因为他们的生活太过无聊空虚，就像女生一听到八卦立刻两眼放光，他们的精神和血液也必须要有这样起伏的情节来滋养，才不至于了无生趣。

YY的故事虽然也狗血，却很简单。男友和她的闺密走到了一起，跑过来和她愁眉苦脸地说分手："其实我和她都不想伤害你，你要怪就怪我，是我不知不觉喜欢上她的……"

都说防火防盗防闺密，YY向来不信这话，谁知竟是真的。她心里冒火，谁也不打算原谅，神色却很冷静，只说了一句"我们好聚好散"。

"不挽留吗？不难过吗？"我问她。

"感情的世界里哪有对错呢？离散是相互的事。"她答非所问地在微信里发过来这几句话，高冷而骄傲。

我忽然意识到，虽然这个失恋的故事够简单，但YY的恢复之路恐怕不会那么简单。

此后，她照例穿着真丝衬衫双排扣风衣，顶着一张妆容精致的

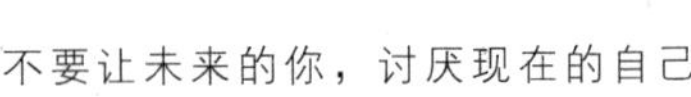

脸出没于国贸的写字楼之间，照例一周一次飞去外地出差，在每个城市最好的酒店落地窗前执一杯红酒眺望陌生的夜色。

失去爱情不算什么，她年纪还不大，容貌也还年轻姣好，她还有一份体面的工作，足以撑起她所有的骄傲。

没什么，这是YY失恋后说得最多的一句话。

说到底，也真的是没什么。这个城市里所有漂亮又聪明的男男女女，谁也不会傻到把爱情当作生活的全部。没有爱情，还有哥们、闺密，还有工作，还有梦想和生活。

况且，糟糕的爱情，会让你领悟；受过的伤，会成为你脚下的路；抽身而去的他，会让你蜕变出更出色的自己——在一场失败的爱情面前，我们安慰自己的方式有一百万种。

YY无疑深谙这些安慰之道。她说过很多话，要么大气、透彻，几乎要看破红尘，譬如“爱情其实和人生一样，就像肥皂泡，美丽的都是幻象，迟早要破灭”，要么洒脱、不羁，一副无所谓的态度，譬如“失恋就失恋，有什么呀，谁还没失恋过啊，我早就想享受一个人的生活了”，她唯独不说自己难过；她做很多事，买书，看书，学料理，学烘焙，养多肉植物，研究茶道，在朋友圈里发慢生活的体会，唯独不去触碰心里的伤。

我看着她火急火燎去过慢生活的样子，心里知道她的不对劲，却也不知道如何劝解。

过了一段时间她再联系我时，是约我去喝咖啡。

我们去的不是国贸某大厦顶层能俯瞰整个城市的咖啡厅，而是东四四条还是五条胡同里一家只有两张桌子的小咖啡馆。

我说：“怎么啦？转性了？”

她把双腿支起来，整个人窝在沙发里，不说话，却笑得一脸坦然。

没错，这才是我熟悉的那个YY姑娘。她话不多，不喜欢向人不厌其烦地解释自己，开心也好，难过也好，从来不多加掩饰，有一副白领小资的皮相，骨子里其实大大咧咧得很，一点也不小资。

“还在过慢生活吗？”我调侃她。

她抿着甜腻的卡布奇诺笑，“不过了，不适合我。”

不久前，那个甩了她的前男友来找她。她以为他是来求复合，脑子里谋划着要怎么嘲笑他，让他下不来台。但她心里也想着，要是他诚心诚意后悔了，醒悟了，就不为难他太久，最多几个月，然后就答应他吧。

不料前男友一开口，竟是诉苦。他说她的闺密如何如何难相处，说YY是最了解他们俩的人，不如帮忙分析分析，出出主意。

YY说，当时她简直气得要吐血。她气自己眼光怎么这么差，这段日子竟然为了这么个男人装模作样，还像白痴一样心存侥幸以为能复合。没等他说完，她就站起来，端过服务员送上来的一杯水，优雅地从他头上浇了下去，然后更优雅地说了一句：“去死。”

“看着他目瞪口呆的模样，我真是痛快极了。”YY说，“我想通了，失恋真的没什么嘛，但前提是我得承认，我其实并不想失恋，也并不那么享受一个人的生活，被男朋友和闺密背叛，我很伤心，也很难过。”

说着“很伤心很难过”的YY，终于是一脸放松的表情。没错，何必假装一笑而过，失恋了，伤心了，就尽情难过，尽情伤心，必要的时候，骂他负心汉，让他去死，浇他一头一脸的水，也

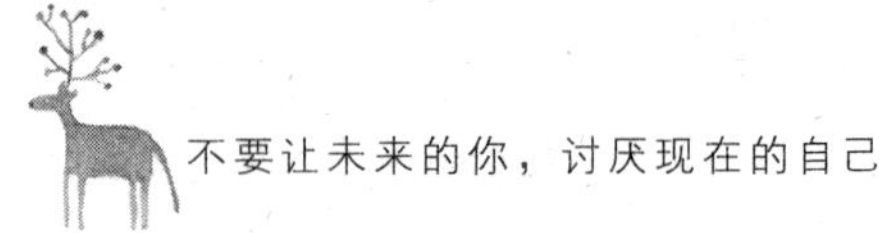

没什么不好。老老实实承认你受了伤，发泄你的痛苦，有一天才可以真的云淡风轻。

YY身后的窗台上，几株多肉植物绿油油、肉墩墩，可爱得很；窗外，是这个城市最美的秋季的天空。

可能她暂时还会难过一段时间吧，可能她还会反复碰壁，还会遭遇更狗血的故事吧，但我知道已不必为她担心。

生命里多的是无限可能

我身边不乏二十出头就“恨嫁”的女孩。她们姿容中上，智商中上，职业前途不错，收入不差，却整天抱怨找不到合适的夫君人选，就连去太阳咖啡，坐在百框落地窗前吃一份精致甜点，也要发张自拍，配上文字：想找个喜欢甜点的老公。

你若夸她们聪明能干，有才华，气质优雅，品位高，她们就会苦着一张脸，这有什么用，比起这些，我更想结婚啊。

仿佛人生的终极目标就是结婚。

遥遥是“恨嫁女”大军中的一员。

这个长相可爱的女孩，笑起来时，就像日本动漫里的萝莉少女，让人萌出鼻血。

追求者当然有，但遥遥挑剔得很。

这个男人，收入不够高，不够体贴；那个男人，没有前途，缺乏品位。她把他们放在天平上，列出指标，一一衡量。

好不容易遇到一个勉强符合各项指标的男人，遥遥正准备和他好好发展一下，对方却忽然接到了公司的国外赴任令。

“要是去欧洲，美国也就罢了，或者去澳洲、新加坡、日本、韩国也行啊，居然是去非洲……”遥遥嘟着嘴向闺密倾诉，“非洲耶！有没有搞错啊！要是我嫁给他，以后要跟着他移民非洲怎么办？我才不要……”

记得《非诚勿扰》的某一期，一位男士上台介绍自己，说自己是单亲家庭的小孩。台下一位女嘉宾当场泪崩，说自己也是单亲家庭。

就在所有人以为这两人会因为共同的遭遇而惺惺相惜走到一起时，女嘉宾却止住眼泪，冷静地说了一句：“所以，男方不能是单亲家庭。”

这真是让人跌破眼镜。

坚持自己的择偶标准，这无可厚非。但爱情也好，人生也罢，若你只站在条条框框的限制里，若你从不曾闭上双眼去闯一回，爱一回，终归是有遗憾的吧。

丽莎去香港读书时，还是个没长开的小女孩。

女大十八变，等到她终于知道香港的铜锣湾并没有满大街的古惑仔抡着长刀砍人时，她已经长成了一个标准的东方美女。

大学时期，在她身边打转的几乎都是国外的留学生。他们说着不甚标准的港式普通话，约她去维多利亚港，扎在成堆的情侣中间吹风看夜景。

丽莎并不介意和这些异国的年轻男孩一起去玩，有时候她甚至会偷开她老爸的车，深夜带他们去九龙兜风。

后来，她爱上那个冰岛的男人时，也是像这样带着他去兜风，在香港潮湿的夜风里向他大声告白的。

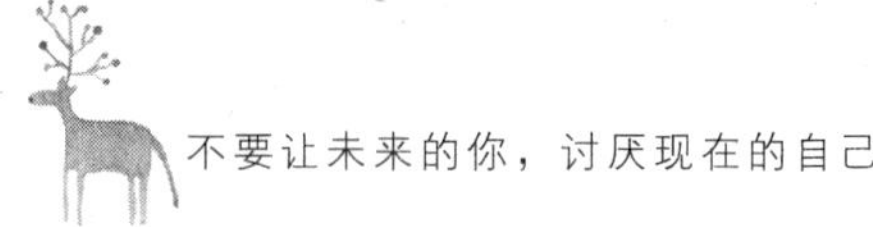

丽莎学的专业是电影研究，她的梦想是环游世界，然后拍很多惊天动地的电影作品。所以，那年暑假，她毫不犹豫地跟着冰岛男人去了他的国家。

在那个最接近世界尽头的地方，丽莎的爱情如火一般热烈燃烧。他们住在雷克雅未克一所公寓的顶层，每天清晨和黄昏，都会相拥着坐在窗边，倾诉爱语。

城市周围山峰雾气弥漫，天际显现紫色霞光，海水变成深蓝，日出东方，夜幕笼罩，在世界最北的首都，丽莎和她的北欧男人守着如画美景，爱得如痴如醉。

那时，丽莎的朋友都知道她的口头禅：“我要嫁给他，然后，拍一部关于冰岛的电影。”她似乎忘记了自己的学业还未完成，忘记了远在香港的父母，忘记了她只有十九岁。

朋友们没有艳羡，只是冷眼旁观，然后告诉她：不可能。

结局当然是不可能。

暑假还没过完，丽莎已经和那个冰岛男人吵了三次架。第三次，是因为他做了她不爱吃的苹果派。

她孤身回到香港时，所有的朋友都松了一口气。

“你看，我们早就说过了，不可能。”

“嗯。”奇怪的是，丽莎的表情里没有阴霾，她只说，“我和他的确不适合在一起。”

“是啊，以后你别再做这种傻事了……”

丽莎不觉得这是做傻事。

她说：“你见过雷克雅未克的美丽吗？你曾经和深爱的人亲密无间，沉浸在最甜美的爱河中吗？”

假如她计算得失，权衡利弊，用未来的不可能扼杀现在的冲动，那她什么都不会经历，不会经历失去和伤害，也不会见识最美的风景，路过最美的爱。

许多年后，她果真拍了一部以冰岛为背景的电影。小成本的独立电影，在台湾某个电影文化节参展，丽莎邀请了很多朋友，其中包括他。

多年不见，他们送给彼此一个热烈的拥抱。

没有收获想要的结果，并不是人生最值得遗憾的事。从未踏足，从未开始，从未绽放，才是遗憾。

或许，你不曾得到幸福，现实不如你的意，是因为你从不曾打开自己，不曾触碰现实的边界，不曾撬开生命的入口，去冒险，与人生更多的可能性相遇。

大学时期的朋友桑迪在毕业时，和相恋七年的男友分了手。

那真是相当恐怖的一段分手期。

他们吵架，反复地吵，到最后完全变成了一场互相伤害的战争。男友带着其他女孩子去约会，故意气桑迪；桑迪也不示弱，立刻和帅气的师弟去兜风夜游。

有一次，系里聚餐，桑迪心情糟糕，喝了个烂醉，男友扶着她回宿舍，她撒泼，大哭大叫，赖在地上不起来，吐得昏天黑地。

她那副伤心得掏心挖肺的样子，让我几乎以为她整个人会被这段感情彻底毁了。

没想到那次之后，桑迪和男友却和平分了手。

彻底的伤心过后，便是彻底的云淡风轻。

桑迪后来出国读研，新交的男友，是从小在国外生活的华裔，是个非常温柔的男人。

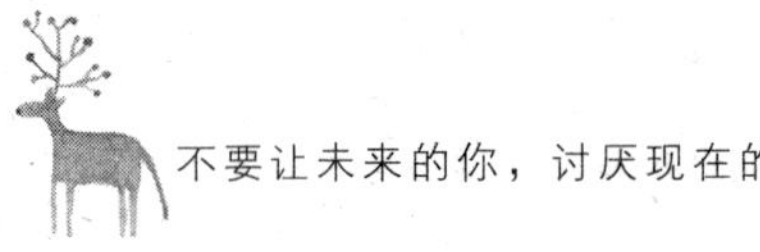

我们都以为七年的感情会成为她的牵绊，让她害怕再次开始一段感情，让她没办法再次爱上谁。

但桑迪只是平淡地走过伤害和痛苦，继续寻找幸福。

新的感情，或许仍然不会一帆风顺，或许有一天也会迎来糟糕的结局，但那并不能成为阻碍脚步的理由。

爱情也好，人生也罢，未来的不可能，何必说给现在听？

生命里多的是不可能的事，也多的是无限可能。

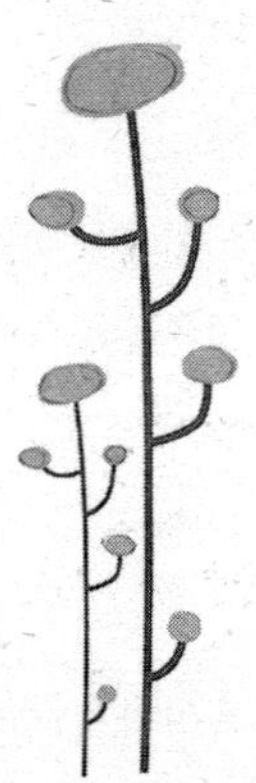

PART 6

生命到最后总能成诗

一路北上，没有回头

多年前，我看过一篇关于苏童的访谈。

只是一场四平八稳的访谈，记者问的都是一些关于文学、生活、思想之类的话题，并没什么特别。我唯独记得其中一个问题：为什么会在南京定居？

苏童的回答相当浪漫：因为第一眼就爱上了这座城市。

在那之后，许多年过去了，在为一段漫长的恋情画下休止符之后的某一天，我忽然很想一个人旅行。正想着要去哪里时，苏童的这句话从记忆深处跳了出来。

我很好奇，能够让人第一眼就爱上的城市，究竟会是什么模样。于是我动身去了南京。

我什么攻略也没做，只是买张票，背个背包，数小时后，便已将北京城远远甩在身后。在车上接到北京朋友的电话，约我第二天一起吃饭，我说自己正在去南京的路上。她吃了一惊，“一场说走就走的旅行！”

其实没有这么潇洒，我只是想暂时逃离那座过于巨大的北方城市，逃离我和他在那座城市留下的所有甜蜜悲伤的回忆，仅此而已。

和男友一起来北京时，我真心以为自己从此会一直留在这座城市，就像我真心以为自己会一直留在他身边。可惜世事总是难料。我曾经那么热爱北京，爱它复杂的底色，爱它的包容，爱它的文艺气息，还有大街小巷随处可见的奇葩，就像我爱那个人心灵的复杂，爱他包容的性格，爱他身上的文艺青年范儿和小小怪癖一样。

他和这座城市，彼此相容，天衣无缝。

他经常拉着我一起去逛胡同，拍照，从八大胡同逛到东四十条，逛到两腿瘫软，他拍破败的胡同、围墙、四合院，也拍站在蓝天下的我。

我想我是因为他，才爱上了北京城，也是因为他，才想要逃离。这是他的城，我曾经以为这也是我的城。后来我才知道，这里不是我的城，从来都不是。

我很想知道我的城在哪里，所以我去了南京。

走出南京车站，我的心脏咚咚咚跳得厉害，手心也开始冒汗。我忐忑地想，我会不会也像苏童一样，第一眼就爱上这座城，然后从此和它永不分离？

就像一场一见钟情、生死相依的恋情。

一个人和一座城的恋情。

如果真是这样，该有多好。

可是，早上七点，我从车站出来，只是面无表情地站在南京阴沉沉的铅灰色天空下，期待中的狂喜和惊艳，并未发生。

对于一个南方人而言，阴沉的云层，闷热的低气压，几乎可以拧出水来的潮湿空气，实在是再熟悉不过。

我一点也不觉得自己身在陌生的城市，心中一丝兴奋也无。

还记得几年前我从桂林坐旅游大巴去阳朔。那是凌晨时分，车上的游客全都昏昏欲睡，唯有我睁大眼睛，看着天边缓缓绽出紫红、青黛、赤朱、烟色的云霞，清秀的山水间薄雾缭绕如丝。我就那么呆呆地看着，心中的感动无以言说。

这是我第一次与阳朔这座小城的邂逅，像天底下所有浪漫的邂逅一样，惊艳了当时时光，温柔了此后年岁。

我也记得第一次去深圳，是夜里抵达的，迎接我的是一整个城市的霓虹，无数闪着光的摩天大楼高耸入墨黑的天空，让我觉得自己渺小如蚁，仿佛置身于魔幻世界。

这是一场毫不浪漫的邂逅，但它冰冷、强大、有力，不由分说就已将我拖入那座高速运转的城市的脉搏和呼吸。

而我与南京之间的邂逅，太过平淡。

我在南京的那几天，几乎每天都下雨。

有时我坐在咖啡馆里看雨，想起民谣歌手李志在《山阴路的夏天》里唱“南京的雨不停地下，不停地下”，心里总是烦得要命。

北方多好，干燥清爽，气候也干脆利落，夏天热得彻底，冬天冷得彻底，不像南方，温温暾暾，婆婆妈妈，像一只坏脾气的猫，发起脾气来能连着下半个月雨，有时一周竟能变换四个季节。

我知道自己开始不争气地想念北京了。

想念北京天气好时湛蓝无云的天空。夏天时，那种蓝就像无数种蓝的叠加，浓墨重彩；冬天时，那种蓝就像冰激凌一样清澈凉薄，沁人心脾。

想念北京四通八达的胡同，胡同里的咖啡馆，民谣歌手摇滚乐手聚集的居酒屋、酒吧，别致的文艺的小饭馆。

想念我的工作，团队的伙伴，想念每日见不同的客户，每日策划不同的案子，为创意想破脑袋，为每一次成功击掌的日子。

想念北京的朋友们……

我以为北京只留下我伤心的回忆，怎料在千里之外的南京，想起来的都是它的好；我以为自己是因为他才爱上了那座城，原来不知不觉间，他在或不在，已经不重要了，那座城已融入我的生活和血液。

来过几次后，我开始在客人稀少时和咖啡馆的老板聊天，我们聊电影、书、民谣，唯独不聊自己。

但他终于开口问我："你一个人来南京旅行？"

"嗯。"我说，"你是不是已经在心里构想了一千种情节？"

他轻轻笑了。

我告诉他："没错，是最俗气的那个情节。"

他却摇摇头："太阳底下无新事，我们的人生情节本来就已经被无数人经历过了。"

我抬起头看他，他留着薄薄的胡子，穿一件麻质的米白色上衣，站在吧台里，眉目清朗，眼神澄澈，是个看不出年纪的大叔。我想，在像这样守着咖啡机、咖啡壶，守着他的温暖甜点之前，他大概也在哪里经历过某个俗气情节，也曾经迷茫过，哭过，笑过吧。

从咖啡馆出来，我回旅馆收拾了少得可怜的行李，退了房，然后打车去车站。

一路北上，没有回头。

为一个人而放弃一座城，为一场爱的破灭而放弃另一场爱，多傻。愿意和哪座城相守，就像愿意和哪个人偕老一样，一定都是缘分的宿命。

都说江南更有诗意，我却觉得北京的生活更像一首诗。

因为我就是那个写诗的人。

请把我留在这时光里

你这一生最美好的时光是什么时候？

我听过很多人的回答。

发小告诉我，暗恋的时光最美。

那个时候，你偷偷喜欢一个人，不敢告白，不敢出现在他面前，好比身在尘埃里，满心卑微，只有那份喜欢的心情开出花朵，香气沁人，在你长第一颗青春痘的年纪里弥漫。

而他呢，有女朋友，一点也不知道你的喜欢。单恋让人这样难过，可是后来你经历过许多次恋爱，分分合合，尝过更甜蜜的滋味，也尝过爱情里所有的残忍和痛苦，回过头来，还是觉得当初暗恋的时光最好。

那时你不求回报，所以没有计较，没有苛求。你的心意清澈如水，映照出你青春年岁里最完美的遗憾。

后来你一直珍藏着那份小心翼翼的暗恋心情，珍藏着当年那个天真纯情的自己。因为你已经永远地失去了它们。

我大学时代最好的朋友觉得，你喜欢他，他也喜欢你，但你们都不知道对方心意的那段既甜蜜又酸涩的时光最美。

那个时候，你们在宿舍煲电话粥，各自抱着电话机站在走廊里，电话线拖在身后，在冬日的寒夜，你们冻得瑟瑟发抖，却能开心地聊上整晚。

你心里想着，他喜欢我吗？他心里也猜测着，这个女孩子喜不喜欢我？后来你们还没来得及表白心意就天各一方，或者因为某种误会，不知不觉擦肩而过，但你会一直记得最初的时光，你那么单纯地喜欢一个人，眼底波澜起伏，面容绽放光彩，走起路来，周围的背景像少女漫画一样开着花，冒着泡泡。

后来你爱过许多人，或深或浅地路过他们的生命，但你觉得，那个始终没让你知晓心意的人，最值得怀念。因为没有结局的故事，才让人回味。

同事说，平淡相守的时光最美。

你在职场上，是高傲的、才气逼人的女强人，他在职场上，是能干的、运筹帷幄的领导者，但回到家，你们只是这座城市里最平凡的一对夫妻。

晚上，你们一起做一顿饭，他掌勺，你在一旁叮叮咚咚切菜，打下手。假日的早上，你们起床，步行三条街，去买新鲜出炉的面包当早餐。吃完早餐，就坐在阳台上听你们都喜欢的音乐，看你们都喜欢的电影。

偶尔吵架了，他夺门而出，回家时肯定会带一份你爱吃的夜宵；你哭着跑出去，回来时也一定会给他带一瓶他最爱的酒。

曾经，你被另一个男人伤得体无完肤；曾经，他为了另一个女人流泪。但如今，你们安然平和地过日子，你们愿意永远留在这样平淡又美好的时光里，直到老去。

因为，你和他都知道，世事人生最是无常，谁也不知道这样的时光，能够持续到哪一天。

前任男友却认为，拼搏的时光最美。

那时，你刚到一座城市，没有钱，没有立足之地，没有骄傲。但你有一群志同道合的伙伴，你们一起节衣缩食，一起谈天说地，指点江山。

后来，你们之中，有的人留下来了，成功了，有的人离开了，失败了，有的人至今还是你的死党，而另一些人和你有了利益牵扯，闹了矛盾，从此老死不相往来。

某一天，你开着车经过这座城市一处璀璨的霓虹，忽然想起往事，无限唏嘘。

明明你对未来还有无尽期盼，但你知道，最美的时光已经过去了。

原来，当你意识到的时候，最美的时光就已经过去了。

原来，你珍藏、怀念、珍惜某一段时光，不仅仅是因为它美好单纯，明媚炙热，还因为它转瞬即逝，终将逝去，无可挽回，也无法重现。

茉里这辈子最美好的时光，是在她患抑郁症最严重的时候。

她辞去电视台的主播工作，整天窝在家里，什么也不做，什么也不想做，病症发作的时候，就连起身去洗个澡，也要耗尽心力。

那时她有一个交往了一年的男友。男友工作忙，但也常常挤出时间来看茉里，给她做饭吃，帮她做家务，开车带她出去玩，去参加各种艺术展、电影节。

茉里并不领情，有时甚至嫌他烦。抑郁症发作时，她连自己的情绪都照顾不好，当然更无余力去顾及别人，所以大多数时候，她宁愿一个人待着。

那天，是茉里二十八岁生日。男友早早说好带她出去吃西餐，茉里没有拒绝。但到了当天，她磨磨蹭蹭，就是不愿意出门。梳洗，化妆，挑一件合适的衣服，这些平日里轻轻松松就能完成的事情，突然变得无比艰难。

男友开车来接她，她连门都不愿意开。好不容易在男友的劝说下，换上外出的衣服，坐上车，茉里已是满心烦躁。

恋爱，生日，约会，吃饭，全都是无聊的事。她坐在副驾驶座上，眼睛看向窗外，一言不发，一心只想回家。

就在茉里快要在沉默中睡着时，男友忽然停了车。茉里睁开眼睛，外面是郊外的公路，周围并没有什么西餐厅。

男友一句话也没说，只是安静地把车停在那里，过了几分钟，他重新发动了车子。茉里不知道他在做什么，也懒得开口问他。随他去好了，随便怎样都好，只要这一切快点结束。

就这样，一路上他走走停停，终于在天黑之前，抵达了那家露天餐厅。

花好几个小时开车去吃一顿饭，茉里实在无法理解做这种麻烦事的浪漫心情。

她一点胃口也没有，但还是逼自己吃一口蔬菜，一口牛排，喝一口红酒，机械地吞咽。怎么办呢，他做了这么多事，可是她一点也不开心。她不敢开口说话，也没办法假装快乐。她几乎可以想象接下来将要发生的事：她指责他自私自利，他怪她不懂得领情，然后他们大吵一架，就此结束这段令她心力交瘁的恋情。

茉里坐在那里，想象着这一切，心里满是绝望。

然后，下雪了。

真的是雪，细小的雪花从天空飘落，落在沙拉和红酒里，落在他们两个人肩上，头上。茉里惊呼了一声："还没到下雪的季节呢。"

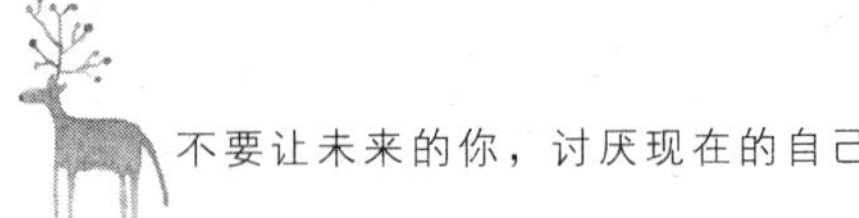

男友像松了一口气，终于露出笑容。他说，听天气预报说晚上七点这一带会下雪，他特意订了这里的露天餐厅，一路上，他很怕赶不上，又怕到得太早，一直在计算时间，直到刚才，都一直在担心会不会下雪……

茉里愣住了。原来是这样。他花了那么多心思，只是为了让她看一场下错了季节的雪。

男友伸出手，“能跟我跳支舞吗？”

那天，他们在漫天的雪里跳舞，一直跳到再也跳不动为止。

冰冷的雪，好像有温度，一点点融化了茉里心里的坚冰。那个夜晚，茉里终于开始相信，一切都会好起来的。

后来，很多年过去，茉里的抑郁症早已痊愈，而当年的男友，也早已成了另一个女孩的丈夫。但她一直记得那场不合季节的雪，像一个奇迹，纷纷扬扬地下在她二十八岁的记忆里，那么温柔，那么美。

原来孤独可以如此丰盈

情人节那天，和闺密一起去沙发咖啡馆吃饭。

老板是台湾人，品位很不错。不大的店面，被老板布置得温暖舒适。天台上种着薰衣草、小雏菊和薄荷，奶茶用暖壶装，怀旧清新。

之所以特意约在这一天，是因为我和闺密都刚刚分手，没人可陪。

没人陪，对我们来说，算是一件大事。

我们都是需要温暖和陪伴的人，即使偶尔一个人出门，也一定要找一处美好的背景，在恰到好处的光线下，拍张唯美的美食照片或自拍照，用美图修过，上传到微博、朋友圈，再配上文字：享受一个人的时光。

朋友纷纷点赞，说："真好，好羡慕你的生活，喜欢看你活得精致骄傲……"

其实我们心里都清楚，我们都害怕一个人的孤独。

记得有一回闺密刷微博，看到一条热门微博图文兼备地列出了"孤独"的等级，立刻大呼小叫地转给我看。

九张图，从一个人逛超市、吃快餐，到一个人看电影、吃火锅，再到一个人搬家，一个人做手术，等级由低到高，看得人血液发冷，心里发毛。

我们都庆幸自己不必一个人去吃火锅，一个人搬家。那时，我们身边都有一个知冷知热的男友。

谁也没想到，我俩竟然都赶在情人节前夕分了手。

离三十岁越近，一个人的情人节就越可怕。我和闺密达成共识，决定在这天来一场闺密之约。

这家店的曲奇和奶酪茶都相当正宗，我和闺密各自捧着杯子，陷在柔软的座椅里，长舒一口气。

不自觉地想起男友带我去茉莉餐厅庆生的情形。当时，他告诉我，电影《非诚勿扰》曾在这里取景，所以慕名而来的人很多，位子很不容易订到。我还为他花费的心思小小地感动了一把。

我们在这家号称"北京最小资最有情调的餐厅"里，倚在湖畔，看水面细纹，听清风细语，享受美食，沉浸在甜蜜的幸福之中。

那个时候，我和他都以为，我们的爱情也会像这里的浪漫氛围一样，一直持续下去。

如今我偶尔路过工体路，看到茉莉餐厅，便觉物是人非，不过如是。

对面的闺密没说话，似乎也陷入了某段回忆。

所谓的闺密之约，也只是各自怀着满腹心事，相对无言罢了。

我们和不同的人相伴着，可是到头来，每个人都是孤独的。

环顾四周，周围坐着的理所当然都是卿卿我我的情侣。

除了角落里的一个女人。

不知她什么时候开始坐在那里，我和闺密先前都没发现她。

那是一个三十岁左右的漂亮的短发女人，穿一件样式极简单的黑色毛衣，衬得她整个人肌肤皎洁如玉，气质干净利落。

她点了香浓的奶酪茶、五颜六色的沙拉、甜品，无视周围满满的情侣氛围，独自优雅、气定神闲地进食。

那种飘荡在她周身的沉静气场，令人动容。

我忍不住开始想象她的人生，她的经历，她的心情。

肯定有很多缺憾吧，曾经深爱过，结果受了很多伤，保持单身；或者已经结婚，之后发现婚姻不是自己想要的；或者朋友不多，在节日的夜晚找不到人陪伴。但是，也有可能她只是更愿意一个人来吃一顿美味的晚餐，享受一个人的时光。

不是在社交媒体上晒“享受”，而是真正沉默地沉入自己的世界，享受完全孤独的时光。

一个人的独舞。

舞者、观众都是自己。

后来我想，人生就是这样的。

到了不同的年纪，你会追寻不同的东西，以前觉得很可怕的孤独，到了某个年纪就可以安然享受，以前觉得不能接受的缺憾，到那时也可以默不作声地接纳。

每个人最终都要回归自己的内心，直面自己的孤独和寂静。

每个人都是伴随着伤口和痛苦活下去，但这并不妨碍你追求美好，哪怕只是情人节的晚上，一个人享受一顿精致的晚餐。

如果可以的话，谁不想有一个深爱的人，在这样美好的夜晚和深爱的人共度？但没有这个人的话，一个人其实也可以感觉到生活的美好。

人生的舞池里，无人共舞，一个人也可以有曼妙舞姿。

从那个漂亮的短发女人身上，我看到了这种曼妙。

原来孤独可以如此丰盈美好。

从沙发咖啡馆出来，我和闺密沉默许久。

从什么时候开始，没人陪变成了一件大事呢？更年轻的时候，我们明明都盼望着赶快离开家，一个人出来闯荡世界。

闯荡过，受过伤，尝过冷暖，就变得脆弱了。想到此后人生里大把大把的时光，都需要一个人撑过，满心恐惧。

闺密说：“为什么我们都不快乐？”

是啊，为什么不快乐呢？三岁时，一颗糖就可以换来整个世界的甜蜜；三十岁时，一颗钻石摆在眼前，我们的心中却只有不满和计较。

经历了这么多，我们没有变得更好，更勇敢，更耀眼，反而越

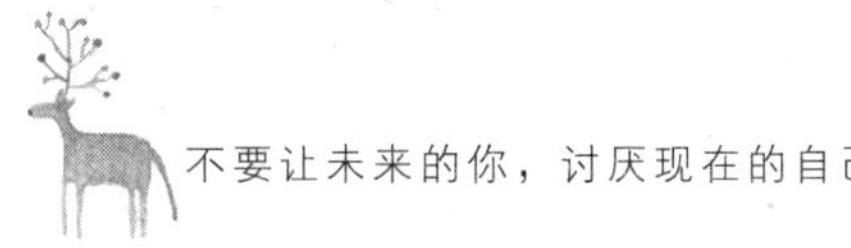

来越深地缩回了自我保护的壳中，害怕受伤，害怕被世界抛下，害怕被寂寞刺痛。

每个人都在拼命想办法填补寂寞，但加西亚·马尔克斯曾说：“生命中曾经拥有的所有灿烂，终究都需要用寂寞来偿还。”

想起有一年初冬，我在工作上和感情上遭遇双重挫败，为了散心，曾一个人去海边。

冬日的灰色的海，腥咸的海风，冷冽又潮湿的空气，铅色的云层。漫步在海滩上的那个夜晚，我看见云层散去，星星闪耀光泽。

那一刻，我想自己不需要任何人在身边。

我沉浸在一个人的海边，听着海潮涌动，就像听见内心的深海在细语，所以我什么也不想说。

我和闺密说，终有一天，我们都会慢慢地，慢慢地，心甘情愿地寂寞着，笃定安然地孤独着。

因为，生命的路，终究要一个人走完。

离开是为了更好地回来

我记得，那是小D最惨烈的一次失恋。

从高中时期偷偷摸摸的地下恋情，到大一与军训教官的热恋，到和羽毛球协会会长的球场之恋，再到她和上司的办公室恋情，小D的感情生活几乎没有过空白的时候。

她是个漂亮的女孩，性格又开朗，追她的人自然多。她也由着性子挑来拣去，看到顺眼的就交往，不顺眼了就甩掉，潇洒得很。

每一任男友，都像她儿时的玩具，玩腻了，就扔了，一点也不心疼。

大学毕业时，同宿舍的几个人聚会。回忆着大学生活，大家都唏嘘感叹着喝了不少酒。中途有人提及小D的情史，我们几个人掰起指头数了数，纷纷调侃她："你这个花心女！总有一天会得到报应的！"

小D端着啤酒摇头晃脑："我哪有花心，每一个男朋友我都很喜欢啊，而且我都是好好分手之后，才找下一个的。"

这话说得倒也没错。我们几个人都没说话，算作默认。

但过了许久，小D的下铺，因失恋而将一头长发尽数剪去的希米，却蹙着眉头幽幽地说了一句："你那不叫恋爱，真正的恋爱，哪有这样潇洒。"

像是为了印证她的话，小D在工作后不久，就经历了一场毫不潇洒的恋爱：她爱上了她的上司，一个已有家室的男人。而且，小D是和他分手之后，偶然间才从别处得知他早有家室。

痴情的小D，谈了一场充满甜蜜和快乐，却也充满欺骗和谎言的恋爱。

是上司主动追求的她。一开始，她觉得这个三十多岁的男人很有点不自量力，有她身边一票优秀的追求者比较着，这个男人无疑过于普通了。

若有若无的接近，示好般的温柔，小D都看在眼里，只能装作若无其事地应对着。他毕竟是她的上司，而这份工作也是她梦寐以求的，当然不能撕破脸皮。幸好他为人温和，极有分寸，并未强势到让小D无法拒绝。

时间一天天过去，他们之间的距离在小D聪明的周旋之下，没有缩短一分。小D想，这样就行了，不会有任何问题。

事情的转机发生在那年冬天。

那是一个滴水成冰的早晨，小D起床晚了，慌慌张张往公司赶。偏偏那天她生理期，又没吃早饭，在地铁里时已经有点虚脱，下了地铁，眼看拐个弯就到公司门口了，她却走不动了，只觉得天旋地转……

不好，是贫血，要晕倒了。意识到的瞬间，她一个趔趄，差点摔倒。顾不上脏，她赶紧靠着路边的一棵树蹲下来。

据小D说，她当时蹲在那里，把头埋在双臂之间，眼前一片模糊，浑身抖个不停，冷汗直冒，完全没有力气抬起头出声求助。路上的行人那么多，没有一个人停下来询问她是否需要帮助。

就在小D以为自己会在那里蹲到天荒地老时，她模模糊糊听到有人说话："你没事吧？"

见她一动不动，一双手搀住了她的手臂。

"能站起来吗？"

她在对方有力的搀扶下站了起来，把身体的重心放在那双手中，小D努力平复片刻，抬起头，两个人都愣了。

"是你？"

原来是她的上司。

他说自己在去上班的路上，看到一个穿着职业女性打扮的女孩子埋头蹲在路边发抖，于是上前帮忙，并不知道那个女孩就是小D。

小D在QQ上兴奋地敲过来一行字："这年头，这样的好男人真是少见了。"

我回她一个不屑的表情："他肯定是想着人家女孩子年轻漂亮，才上前去帮忙的啊，说不定只是想要制造一场艳遇而已。"

"胡说。"小D听不进去，"当时我低着头呢，根本看不到长相，而且我穿着职业套装，就那么蹲在那里，看上去只是随处可见的上班族而已。再说，谁愿意没事给自己找麻烦啊，万一遇上讹人的呢。"

我还来不及嘲笑小D正在掉入一个英雄救美的古老陷阱之中，她就已经迅速地沦陷了。

自此，我几乎每天都能在小D的微博小号上看到她更新的状态，要么是她又惊喜地发现了那个男人的某个优点，要么就是和他秘密约会时的心情，偶尔她也发张偷拍他的照片，但从来都没见她发过两人的合照。

他实在只是一个眉眼普通、气质普通的男人，小D却像捡到了宝。她说自己刚刚知道，原来恋爱的心情，就像坐上了云霄飞车，忽上忽下，并不完全是快乐的事，但快乐的时候，心里就像在冒泡泡，脸上忍不住地就要傻笑。

小D和上司保持着一个月约会两次的频率，他对她非常温柔宠溺，但他从来不带她回家，也从来不和她在外面过夜。小D当然不满，但她不由自主地为他找了许多借口，最后小D说服自己的说法是："他这种有分寸的性格也很迷人。"

我们纷纷说她无可救药，她居然很正经地点头："我也这么觉得。"

分手来得很突然。上司调职，升任分公司经理。分公司在另一座城市，他几乎是理所当然地向小D提了分手。

小D脱口而出："我也可以申请调职过去，不行的话，我就辞职。"

而他，只是缓慢而又坚定地摇了摇头。

我确信，并不是因为这是小D人生第一次被甩，她才哭得那么伤心，而是因为，这是她第一次全身心投入去爱。

过了一个月，小D忍受不了无心工作的自己，终于辞了职。等我收到她的消息时，她已身在敦煌。

大概有半年时间，她在西北各地辗转旅行，有时会在某处找一间民宅住下来，找一份临时的工作，像当地人一样生活。偶尔，我会收到她的只言片语，没有照片，没有关于心情的诉说，而她的微博，也已很久没有更新状态。

我虽然担心她就这样自暴自弃，一去不回头，却也知道此时的她，最不需要的就是安慰，所以尽量不去打扰她。

有一次，她很难得地打了电话过来。在电话里，我跟她说起王家卫的《蓝莓之夜》，说她像电影中的那个女主角。

她问我哪里像。

我告诉她，那个女主角也是因为失恋，被相恋五年的男友背叛，于是离开纽约，去美国各地旅行、打工、交朋友，最后终于在陌生的地方，在陌生人的故事里愈合了伤口，找到了内心的安定和爱的真谛。

她沉默片刻，随即笑了："没错，我们都会长大，受过的伤也都会愈合。等我回来。"

小D离开时，京城春暖花开；如今她回来，枫叶红，银杏黄，她站在京城最好的季节里，终于满脸明媚。

人为什么要离开，跋山涉水，千辛万苦跨越一段长长的心灵旅程呢？

看着小D脸上重新绽放出的美丽笑容，我确信，人之所以要离开，是为了更好地回来。

寻找自己的路，没有句点

在《美食、祈祷和恋爱》中，茱莉亚·罗伯茨饰演一位《纽约时报》的人气女作家伊丽莎白，她漂亮性感、才华横溢、事业顺遂、家庭美满，是完美的“人生赢家”。

但正是这样一个看起来比世上所有人都幸福的女人，却和帅气潇洒的丈夫离了婚，踏上了周游世界的旅途。

她把曾经拥有的一切统统甩在身后，孑然一身去意大利吃美食，去印度做瑜伽修行，去巴厘岛度假，一心一意感受生命，挥霍时光，也不去管旅行回来之后，在这座曾经供养了她全部骄傲和幸福的城市里，还会不会有她的立足之地。

似乎每个人的人生都会经历这样一个阶段：事业、生活、爱情，明明一切看起来都很好，明明在所有人眼中，你都是一个幸福的人，你却觉得日子过不下去了。

就像电影中伊丽莎白的朋友说的那样：“知道吗，人人都这样，二十几岁坠入爱河，结婚生子，三十几岁买下了房子，又突然间意识到‘我不要再这样生活下去了’。然后他们意识消沉，感觉身处地狱，但最后还是要打起精神，把你的屁股抬起来坐到压抑的办公室来上班。没人能退人生的票。”

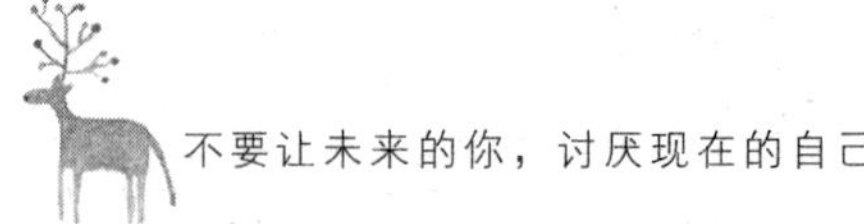

伊丽莎白回答："我不是要退票，我是需要改变。"

她一直在为了实现别人眼中的幸福而努力。所有人都说，有一份高薪的工作，找一个事业成功风度翩翩的男人共度此生，这样就会幸福。然后，等到她终于拥有了人人羡慕的一切，才知道这一切都是徒有其表。

有人说，不曾在深夜痛哭过的人，不足以论人生。或许正是深夜里的一场痛哭，一刹那的惊觉，让伊丽莎白终于意识到，这不是她想要的生活。她未曾感到幸福，只感到空虚。

但她也并不知道自己想要什么。没有人告诉她该怎么做，所以她终于自己做出了决定。她说："我需要改变，从十五岁起，我不是在恋爱就是在分手，我从没为自己活过两个星期，只和自己相处。"

她终于背起行囊，想要找回自己。

在意大利罗马，她放任自己享受美食，如意大利面、比萨等，她吃得毫无节制。她在城市里闲逛，交朋友，坐在废墟里静静地思索人生，在街边和外交的朋友们吃喝玩乐，高谈阔论。

自由的感觉终于开始回到她的身体里，心灵里。

然后，她离开意大利，去了印度，想要借用清修的方式，理清自己，在寂静中与自我对话。

但她坐在那里，却一刻也安静不下来。

当初背着行李离开美国时，她听到好友说"其实我也希望像你一样丢开一切离开"。可是，直到她盘腿坐在遥远的印度，她才知道，原来她什么也没有丢开。过往，回忆，犯过的错误，受过的伤，留下的遗憾，自我的脆弱，全都堆积在心底，让她连触碰都不敢。

她以为去不同的地方，看不同的风景，自己就会有所改变。结果，什么都没变，她仍然是那个不能原谅自己，轻易就陷入自我厌恶，无法拯救自己的女人。

曾经在罗马，伊丽莎白和朋友们聊到一个话题：用一个词来形容一个城市。

罗马的词是性；梵蒂冈的词是权力；纽约是什么词？实现；洛杉矶的词则是成功；瑞典的词是循规蹈矩；那不勒斯的词是打闹……

热热闹闹地讨论过后，朋友突然问伊丽莎白："那么，你的词是什么？"

她愣住了，发现自己答不上来。

到了印度，她仍然没有答案。出发的时候，她决心要找回真实的自我。可是，自我究竟是什么，又藏在哪里呢？仅仅只是盘腿静坐在那里就能找到吗？

她在印度迷失了。

沉寂十年的朴树因为一首《平凡之路》的火爆，再次走入歌迷视线。很多人一边在电脑和手机里循环播放着这首歌，一边好奇这十年他在做什么。

很快有传言说，这段时间，他被严重的抑郁症折磨着。听到这个消息，再听他在歌中所唱"我曾经毁了我的一切，只想永远地离开；我曾经堕入无边黑暗，想挣扎无法自拔"，才觉恍然。

毁了自己的一切，不知是怎样的体验。

但毁灭，是为了重生。就像伊丽莎白在罗马时对自己说的话，"毁灭是一种恩赐。毁灭通往改变的道路"。

有时候我们迷失，堕入心灵的黑暗，失去方向，其实是因为我们不敢走向毁灭，不敢接纳毁灭的自己。

十年后，朴树终于找到一条“平凡之路”，救赎了一度迷失的自己。

而伊丽莎白也终于在印度遇到一位“导师”，他年纪比她大，经历比她多，领悟也比她深刻。起初，她觉得这个对她说教的中年男人什么都不懂，人心隔着人心，他怎么可能知道她的痛苦。

直到伊丽莎白听他诉说自己痛苦的过去，才知道他们是一样的，都是受过伤的凡人，有缺陷，不完美的凡人。

所有的经历，不论好坏，都是启示；所有的相遇，不论结局悲喜，都是馈赠。

她终于可以坦然接纳那个不讨喜的，真实的自己。

后来伊丽莎白在天堂般的巴厘岛邂逅真爱。

爱情甜美而诱惑，美好又危险，让人感到沉醉，也让人感到眩晕。她在沉醉和眩晕的时候，不禁想，糟糕，好不容易找回的平衡被破坏了。

在巴厘岛的日子，她白天修行，夜晚享乐，好不容易可以在两种状态之间游刃有余地保持平衡，好不容易可以完整地保有失而复得的自我。而爱情，太危险了。她没有忘记，当初正是为了逃离爱情，她才离开自己赖以生存的一切。

她拒绝了那个男人，她觉得自己做了正确的选择，但奇怪的是，她不开心。

有时候，为了避免伤害，人们会避免开启一段关系。伊丽莎白的逃避，也是一样。为了保有自我，保持平衡，她关闭了自己。

直到巴厘岛的智者对她说：“有时候，为爱情失去平衡，是心灵平衡的一部分。”

这句话真是让她醍醐灌顶。

明明曾经对自己说，毁灭是一种恩赐，今时今日的伊丽莎白却意识不到，失衡同样是一种恩赐。

真正的重生，是从毁灭开始的；真正的道路，是在迷失之后找到的；真正的救赎，是在经受痛苦之后获得的；而真正的平衡，也是从失去平衡开始的。

当她和她爱的男人在沙滩上拥抱，脸上绽放灿烂笑容，她才终于为这场漫长的旅途画下句点。

又或许，这条寻找自己的路，并没有句点，它还会继续下去。但也没有关系，因为伊丽莎白已经明白，一切迷失、毁灭、失衡、伤害、痛苦，都通往一条更好的路，通往更好的自己。

只要你敢迈出改变的第一步。

记忆终将变成回忆

看《怦然心动》时，看到片中的小女孩朱莉对邻家男孩布莱斯一见钟情，不禁想起我的初恋。

我的初恋，和朱莉一样，也是邻居家的男孩。我喜欢他的眼睛，笑起来时亮晶晶，喜欢他穿白衬衫时的样子，明媚到整个世界的阳光都失了颜色。

电影中的朱莉，像所有性格开朗的美国女孩一样，大胆地对自己喜欢的男生表露了爱意。她整天追着布莱斯跑，接近他，对他好，所有的言语和行为都在向他倾诉，我喜欢你。

一开始，她喜欢得无所顾忌，也毫无理智。喜欢就是喜欢了，

没什么道理。然后，她开始发觉，她喜欢的那个男孩，那双漂亮的蓝眼睛其实和他本人一样空洞无物。她知道自己爱上了一个并不值得爱的人，所以她放弃了。

就像我当初放弃自己曾经那么喜欢的邻家男孩一样。

如今，他已和另一个女人结婚生子。我每次回家，见到他的女儿，听她奶声奶气叫我阿姨时，总是会记起他少年时的样子，那时，他骑着自行车叫我的名字，白衬衫的衣角在风中扬起，每每让我有刹那的恍惚，以为这样的时光永远不会改变。

似乎所有的初恋都注定没有结果，只徒然让人刻骨铭心，黯然神伤。

但有时我也会觉得，没有在一起，也好。

我那时放弃他，也无非是觉得我们不适合在一起。仅仅只是喜欢他一双笑起来亮晶晶的眼睛，喜欢他穿白衬衫的样子，并不足以让我生出笃定的勇气，与他携手面对世间险恶和人生起伏。

记得曾听某位心理专家说过，人的一生，所有最初的爱恋都会失去，这样，自我才能够得以成长。

或许真的是这样。那种稚嫩地爱一个人的方式，那种让自己受伤，也让对方受伤的任性、剧烈、动荡的爱，那种无所顾忌、毫无理智的爱，都注定要失去，否则，我们怎会成长，怎会懂得如何去爱。

那一年，她十六岁，青春的气息仿佛能从她年轻的身体上满溢出来。

她长得不算漂亮，但皮肤好，白嫩得简直能掐出水来。但她那时正处于叛逆期，喜欢化浓浓的烟熏妆，涂猩红的唇膏，把一头柔软的黑发染烫得面目全非。

父母忙着工作，忙着离婚，没空管她，她更加肆无忌惮，同时交三个男朋友，让他们骑摩托带她去兜风，让他们为她打架打得进医院。有什么关系呢，青春不就是用来肆无忌惮挥霍的吗？

高二那年，她第一次喜欢上的人，是一个比她大了十岁的男人。

那时她和她的男友之一在一起，在街边大排档吃烤串，遇上男友的宿敌，几个人在街角抡起椅子就开打。她远远在一旁看着，忽然看到一个男人穿着西装，拎着公文包，一脸疲惫地走过来，似乎没有注意到这边的混战。

她上前拉开他，他愣了半天，才露出恍然的表情。

那天，他加完班，走在回家的路上，因为太累，又在想其他事，所以走着走着分了神。后来她想，一定是因为他穿着西装发呆的样子太好看，她才在那个瞬间爱上了他。

十六七岁的女孩子，第一次爱上一个人，恨不得为了他把自己祭献出去。

她把头发剪短，重新留起一头直发，不再化妆，让那张白嫩的脸素面朝天。她穿素净的长裙，每天逃课去找他，和他说话时仰起脸，笑得像个孩子。

起初，她知道他在躲她。大概他是觉得，和还没成年的女孩子恋爱，就像犯罪一样。

但后来，不知从什么时候开始，她开始和他一起去游乐园玩，去喜欢的餐厅吃饭。她在腰上文了身，是他名字的首字母。她从来没让他看过这个文身，她想等他自己来发现。那个时候，她想象未

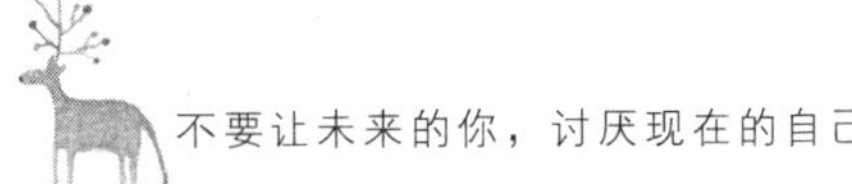

来，觉得未来很遥远，但也觉得没有关系，因为她终究是要和他在一起的。

再后来，他们开始像恋人一样吵架。

每次吵架，她都哭得稀里哗啦，把自己关在房间，用指甲掐自己，把自己身上掐得青一块紫一块。

青春年少，连悲喜都来得更剧烈。恨不得笑就笑得春暖花开，哭就哭到天地变色。

再后来，就没有后来了。那年夏天，他和相亲认识的女人开始交往。她见过那个女人，一头波浪卷发，化得体的妆，穿连衣裙，踩高跟鞋，并肩走在他身边微微地笑。

她质问他，他却说："我和你怎么可能有未来呢？"

她撒泼，胡闹，骂他，不肯原谅他，他却只是一径地沉默下去。

像是印证了初恋没有结果这个颠扑不破的真理。

但她不甘心。

暑假，她重新染了头发，化夸张的烟熏妆，穿露出整个腰身的背心去他公司门口等他。

周围的人都看着她，她却只看着那扇自动玻璃门。

下了班，他西装革履从门里出来，看了她一眼，继续往前走。

他根本没认出她。

她咬咬牙，追上去，给他看腰上的文身。他吃了一惊，慌张地扭头看向四周，又把她拉到街边角落，这才低声说："我要结婚了，以后不要再来找我。"

她失魂落魄地回了家，在浴缸里割开手腕上的血管，拍了照片发给他。他很快打了电话过来，她故意不接。一个，两个，三个，手机铃声一直响，她渐渐失去了知觉。

她醒过来，是在医院。妈妈回家，发现了躺在浴缸中的女儿。

她在医院躺了一个星期，等了一个星期，他一次也没有出现过。

怎么可能出现呢？那边是就要娶回来的新娘，这边是一个危险的，为了他自杀的未成年少女。用脚趾头想都知道他会选择哪一边。

出院后，她终于去美容医院洗去了身上的文身。曾经以为会铭刻一辈子的烙印，不到一年，就成了一个笑话。

她的腰上和手腕上，都留下了浅浅的疤，像为这一场青春留下的纪念。

许多年以后，她从国外留学回来，和他在街上偶遇。

他没有认出她。当年那个穿西装帅到没天理的男人，如今已是一个大腹便便的中年人，脸上有岁月的痕迹，却也有生活赋予的满足感。她还能认出他，但她想，再过几年，或许她就认不出来了。

她的腰上和手腕上，仍然有浅浅的疤，但记忆已不再清晰如昨。

他是她最初的爱恋，她知道自己不会忘记他，但过了那个为了爱情要死要活的年纪，这段记忆终将会变成遥远的回忆吧。

现在的她，有已经订婚的男友，是她在国外留学时的同学。偶尔，他们也吵架，但她不再蒙头大哭，从别人那里受了伤，也不会再伤害自己；她不再为谁文身，因为她知道感情不会因为刻下一个烙印，就真的可以直到永远。

这些，都是他教会她的。

初恋的刻骨铭心，大概就是这样。

爱情最美妙之处

从十六岁在越南遇见她的第一个情人开始，玛格丽特·杜拉斯此生的恋爱罗曼史就再也不曾断绝。

不断地和男人相遇、相爱，分离，这个一生都不曾停止爱与被爱的法国女人，越老越迷人。她对最亲密的女友说："真奇怪，你考虑年龄，我从来不想它，年龄不重要。"所以，年逾七十的她，仍然带着二十七岁的美男子情人扬·安德烈亚公开出双入对。有人问她："这总是您人生最后一次爱情了吧？"杜拉斯笑着说："我怎么知道呢？"

直到她八十二岁那年长眠于巴黎蒙帕纳斯公墓，世人才知道，和扬·安德烈亚的恋情，的确是她此生的最后一次爱情。

这个美丽、才气横溢的女人曾说："爱之于我，不是肌肤之亲，不是一蔬一饭。它是一种不死的欲望，是疲惫生活中的英雄梦想。"

是永无止息的爱的欲望，将她的容貌、气质、才华、生命和灵魂滋养成一部惊世又迷人的传奇。

这真是一个太棒的女人。

她活到八十二岁，人人都知道她满脸皱纹的模样，却没有人记得她垂垂老矣的样子。因为她真的不曾老去。

只要还有爱的热情和冲动，人就不会老去。

社交网站上有一位八十四岁的老奶奶，喜欢穿花哨的衣服，化很艳丽的妆，涂粉色指甲油，热爱自拍，她的自拍照，常常得到数万人点赞和评论。

有一张照片，老奶奶穿着一件色彩缤纷的T恤，在一群年轻帅气的男孩围绕下，比出剪刀手，露出孩子气的搞怪表情，在照片下面，她毫不掩饰地写了一句："I love boys！（我爱男孩）"

没有人觉得八十四岁的她不能喜欢年轻的男孩，没有人觉得她那张满是皱纹的脸不美。

日本作家渡边淳一说："希望一生都能恋爱下去。"在某次活动上，他听说有一位编辑比自己小十二岁，第一反应竟是："啊，那你还能谈好多次恋爱呢！"

一生都恋爱下去，多好。

这个可爱的老男人，七十多岁的年纪，会系一根粉色领带出席活动，在场记者调侃他，他就说："我喜欢粉色啊，因为不想忘却喜欢别人时的那种心情。"

为什么不能喜欢粉色？冒着粉红泡泡的恋爱心情，又不是少女的专利。

即使满头白发，满脸皱纹，也仍然像少年、少女一样去爱，多好。

只可惜现实中，你我见得最多的总是那些年纪轻轻就"累觉不爱"、再也不相信爱情的男男女女。

身边一位女友，二十出头早早结婚生子，儿子出生后，一颗心全都扑在他身上，把丈夫看成了空气，再也懒得打扮自己。每次和几个闺密见面，她都是一副素面朝天，毫不修饰的样子，张嘴就是婆媳关系和育儿经。你和她谈爱情，她会说："爱情？现实点吧，到头来还不是过日子？"

听起来很有道理。

说到底，我们为什么需要爱情呢？只是过日子而已，没有爱情，明明也可以过得很好。

但我看她过日子，会觉得灰心，好像一眼就看得到结局，千篇一律，平庸到死。

另一位女友，却不是这样。她也是二十出头结婚，却没急着要孩子，她和丈夫平日各自工作，交际，给足对方空间，周末和假期一起自驾游，每年结婚纪念日他们都会去关岛或者夏威夷度假。

平时聊天，她很少喋喋不休地唠叨丈夫和家庭生活，更多的是聊自己，聊工作，聊爱好，聊想法。我去过她家几次，每次她都把自己收拾得干净好看，即使穿家居服，也会把头发打理好，化一点点淡妆，让人看着很舒服。

她说，女为悦己者容，只要我还爱着他，不管结婚多少年，不管我们变得多么老夫老妻，我都会在他面前保持最美的样子。

或许，这才是我们需要爱情的原因。它能让你整个人散发出幸福又安详的光芒，让你愿意因为他，变得更美，更出色，

《初恋那件小事》中的女主角小水，从一个长相平凡、没有任何长处的女生，蜕变为男生眼中最可爱、最受欢迎的校花，也不过是因为爱情：她喜欢上了帅气、优秀的学长。

像所有情窦初开的少女一样，为了接近帅气的学长，她做了许多傻事：绕很远的路，只是为了经过他的教室；在每一个角落偷偷观察他的一举一动；睡觉的时候，会幻想枕头是他的胳膊；在他面前，总是假装平静，实际心脏都快要跳出来了。

为了能配得上学长的优秀，这个平凡的女孩很努力地改变自己。她申请加入舞蹈社，忍受和她一样喜欢学长的同学小菲的羞

辱；她去参演根本没有人喜欢看的话剧，她还去练习军乐指挥……一切都是为了能靠近学长一点，哪怕只是一点点。

到了初三，小水终于褪去了最初的平凡，变成了学校里最受欢迎的女生。毕业时，她有了足够的自信，鼓起勇气想向学长表白，却没想到学长在一个星期前已经和学姐在一起了。

电影的结尾，小水成为一流的服装设计师，从美国回来与学长重逢。错过了九年，王子和公主终于幸福地生活在一起，像所有童话的结局。

这其实是一个多余的结局。

灰姑娘失去了她的王子，但她已经因为爱情而蜕变，故事到这里就可以完结了。因为，无论最终她是否得到了王子的青睐，她都已是人群中最耀眼的公主。

这才是爱情最美妙之处。

此生唯一自传，如诗一般

中学时代的班长，是个短发女生，皮肤白皙，笑容甜美，喜欢班长的男生几乎能挤满半个篮球场。有一次和班长一起回家，正好遇到了班上一个男生的妈妈，因为是家长委员会的代表，我们都认识。她是个气质优雅的大美人，又是个医生，她穿白大褂的样子真的像天使一样。班长看着她的背影，一脸崇拜的表情。班长说：“长大后我想成为这样的女人，事业成功且家庭幸福，智慧，优雅，美丽。”

那时的我认为，至少要独自环游世界，或者成为某个行业的伟大开拓者，才算梦想。班长说的梦想，未免也太小了。

后来长大了些，才知道班长的梦想，多少女人穷尽一生也无法实现。

现在的班长，当上了医生，虽然还只是实习医生，也算前途无限。她仍然保留着少女时期的甜美长相，走到哪里，都是追求者不断，却因为工作太忙，一直保持单身。她离那个事业成功且家庭幸福的梦想或许还很遥远，但她的确是在一步步向着理想中的自己靠近。

从小就知道要走的路，不浮夸，不空想，尽一切努力抵达，这个聪明的小女孩，终有一天会成长为智慧的女人吧。

但是，也有那种不断走在尝试的路上，才知道自己想要什么的人。

朋友认识的一个女孩，高考时填志愿，完全不知道自己要念什么专业，迷迷糊糊在班主任和父母的建议下，填了经济系。大学上到第三年，在她还没搞清楚专业内容的时候，家里的生意破了产，欠了许多债，她只好退学，在爸爸朋友开的酒店里工作。从普通的服务生做到领班，她意外地发现自己挺适合做这份工作。但做到领班，就算做到了头。

正在苦闷时，爸爸的朋友问她要不要去学酒店管理，他可以负担学费，就当为酒店培养人才。她当然愿意去学。学了几年酒店管理，她重新回酒店上班，这次不再是当领班，而是成为管理层的一员。很快，她得到了出国的机会，去欧洲的一些著名酒店交流学习，在这期间，她接触到很多西餐相关的知识，结识了不少有名的厨师，由此开始对西餐文化产生兴趣。

回国后，她开始着手进行市场考察，募资开西餐厅。起初，因为资金缺乏，店面很小。但由于她在厨师的聘请上花了重金，西餐的品质和味道非常好，吸引了不少高端客人。生意越来越好之后，她没有扩张店面，而是选择在其他地方开了另一家西餐厅。

在这个过程中，她又对红酒产生了兴趣。她专程跑到法国学习红酒相关知识，参观葡萄种植园。回国后，她又开始着手募资开酒庄。

到今天，她已经拥有两家西餐厅和一家酒庄，而她又开始专门去学调酒，以后想要开一家由她亲自调酒的私人酒吧。

朋友问她："你到底想要什么，想做什么？"她笑说："不知道，可能我想要的就是这种不断发现新鲜事物，不断发现自己还可以做更多事情的感觉吧，因为这种感觉实在太棒了。"

所有的梦想都值得珍视，生命沿途的所有风景都值得深爱。

无论是从小笃定自信，笔直地靠近目标，还是跳跃着、徘徊着、犹豫着、辗转着奔向目标，只要全情投入，那么哪一种都是人生，哪一种人生都可以成诗。

唯一的自传。独一无二的诗。

我的一位远房表姐，从小一直以成为一个好妻子和好母亲为目标。看在我们这些自我意识和独立意识强得不得了的女人眼里，有这种想法的她简直是被男权意识同化和奴役的典型象征。所以我们都嘲笑她，苦口婆心地告诉她，这个目标有问题。

她却不解地问："有什么问题？我是真的想要成为一个好妻子，成就某个好男人，然后养育出几个很棒的孩子。成就别人，我会很有成就感，这样不行吗？"

结果证明，我们都小看了她的目标。

她并没有因为这个目标而变得安逸懒惰，也没有忙着四处留意好男人。相反，无论是学业还是工作，她一直努力保持优秀。她以全校第一的成绩考上名校，上大学期间，几乎所有课程都是A，以全额奖学金留学美国，拿到哥伦比亚大学学位之后，又继续攻读MSFE（金融工程硕士），最后留在那边签了一家投资银行。

开始工作的那年，她回国办一些手续。见到她时，她穿着简单的白衬衫，黑色紧身长裤，搭配风衣，潇洒帅气，欧美范儿十足，和周围那些打扮花哨的女孩子对比鲜明。我们调侃她，“你这副样子，分明是个干练的女强人，和好妻子好母亲的目标相差十万八千里啊。”

她仍然不解地问：“干练的女强人和好妻子好母亲不能并存吗？”

当然可以并存。

后来，她果然在美国结了婚生了子。丈夫是一位美籍华人，曾经是她攻读MSFE时的助教。和她结婚后，在她的劝说下，他辞掉助教工作，开始在华尔街打拼，如今，他已是一位收入颇丰的高级经理人。听说目前夫妻俩正打算共同创业，开一家自己的投资公司。

在她的社交账号上，她经常发一些自己的照片，有一张她带着三个孩子逛街的照片，简直可以与明星街拍媲美。

好妻子和好母亲的梦想，她真的实现了，而且实现得这样完美。

我们起初都以为她是想嫁给一个多金的好男人，从此做一个男人背后的女人，安逸地相夫教子。原来却是她先让自己站到顶端，然后再找到一个好男人，成就他，彼此携手抵达更好的未来。

如果没有哥伦比亚大学硕士学位以及攻读MSFE的背景，她怎么可能成就自己的丈夫，怎么可能和他并肩创业？而当她已足够优秀，她当然有资格仅仅满足于做一个好妻子好母亲。

好妻子好母亲，也需要一个更好的自己作为前提。

知乎上有人问："如果你要给自己写一句墓志铭，你会写什么？"

有一个票数很高的回答是"来过，活过，爱过"。这是古龙形容楚留香一生的六个字，简简单单，足够诠释每个人的一生。

但也有人这么回答："如果没什么事，我就先挂了。"

幽默的回答，同样引来点赞者无数。

我更喜欢后一个答案。

人生并没有一个标准答案，一千个人，有一千种墓志铭，我们活着，或许只是为了去寻找一个属于自己的答案。

认真地老去

年轻时，我们最不缺的是梦想。

老去时，我们最不缺的是年轻时未曾实现的梦想。

一个愿望的成型，有时只用一秒钟；一个愿望的遗忘，也可能是在不经意间。老态龙钟地躺在轮椅，或是病床上，以苦涩的药物维持生命时，我们才恍然明白，什么是自己最想要的。

有人说，那时为时已晚，但始终留在心底的那个愿望，永远不会嫌你行动得太迟。未曾认真年轻过的人，最该为自己认真地老去。

周末，除却与朋友在各种格子铺里闲逛来消磨时光，我时常一

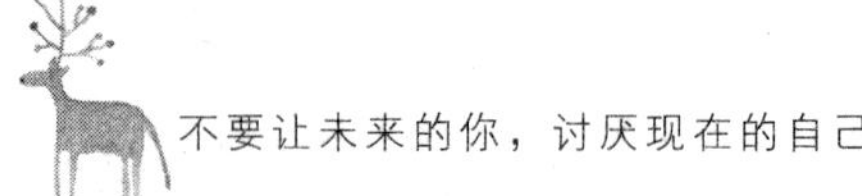

人窝在家中的沙发上看老电影。一部片子，一个完整的故事，常常赚足我的眼泪。倒不是说故事本身有多吸引人，而是看电影这种方式，往往让我忘却当前的境遇，置身于一种理想的时空中。

尽管听朋友说《给朱丽叶的信》剧情很是老套，我还是决定找来看。一幅别具风情的古典油画，以及一首温婉柔和的《you got me》（一见倾心），为这部电影奏响了浪漫序曲。

意大利维罗纳小镇，有一堵“罗密欧与朱丽叶”的许愿墙，凡是有关爱情的絮语，皆可写于其上。索菲与未婚夫来到此地，想要写下只言片语时，却意外地发现了压在石缝里的一封尘封了五十年的信笺。

信笺的主人是一位五十年前来到此地的英国姑娘，她与一位热情的男子相识并相恋，并相约某一天两人要携手共度余生。然而，她没有勇气放下所拥有的一切，只得把那份爱恋藏在心里，自此之后再未与那位男子相见。就这样，他们各自结婚生子，消失在茫茫人海。

索菲未经思量便给她写了回信，唤醒了她的旧梦，与她一起开启了寻找真爱的旅程。

几乎每个人都害怕老去，头发花白，牙齿松动，药不离身，医院为家，甚至多活一秒都是奢侈，至于那偶尔在脑中迸现的梦想灵光，更是比流星消陨得还快。

这样的生活，恐怕是所有人的噩梦。即便有人腿脚灵快，耳聪目明，心灵怕也是日益变为断壁残垣。陪伴自己细数从前时光的人唯有自己，愿听自己唠叨那些前尘旧梦的人唯有自己，就连相信自己还有梦想的人，也只剩自己。

内心的孤独与寂寞，如同蠹虫一样侵蚀身心的每一部位。此时，与其坐以待毙地等着死神前来索命，倒不如豁出去启动梦想按钮。

《给朱丽叶的信》中，她已过花甲之年，如若不是收到那封跨越千山万水，字里行间满是鼓励的信笺，她定然会蜷缩在角落，任衰老之后的孤独感与衰颓感，一寸寸吞噬她所剩无几的尘世时光。

当她重拾勇气，决定走出家门，去梦开始的地方寻找旧日的恋人时，如水般流逝的时光终于不再残忍，积存在内心深处的遗憾也终于被温柔地原谅，老去也并不是那么可怕的事情。

想必你也想象过自己老去的样子吧。

脸上满是皱纹，肌肤不再紧致，令人艳羡的一头乌发变为银丝，尽管没人愿意听，自己依旧唠叨不停。

这些都无人幸免，但有人活得如一杯白开水，有人则有本事过得如一杯颇有余味的咖啡。为何？是因前者无梦，后者有梦吗？恐怕不是。其中的分水岭，当是后者敢于拖着干瘪的身躯，踏上为饱满的梦想而活的旅途。至于最终实现与否，不再重要。

老去之后，行动不便时，人们是为什么活下去？是为活得更长，是为眷恋与不舍，还是为最终的离开？

五位老人，平均年龄八十六岁，一位重听，一位癌症，三位有心脏病。他们相聚在一起时，餐桌上除却饭菜，还有往日好友的遗像。彼时，他们有两种选择，或是无所事事，把时间一滴滴耗尽；或是与所有人的思维逆向而行，来一次华丽的冒险。

既然无论怎样都逃不出死神的手掌，何不让那颗脆弱的心脏，为想做却未能做的事而跳动；既然眼前的路越走越窄，何不掉头换一条路试试。

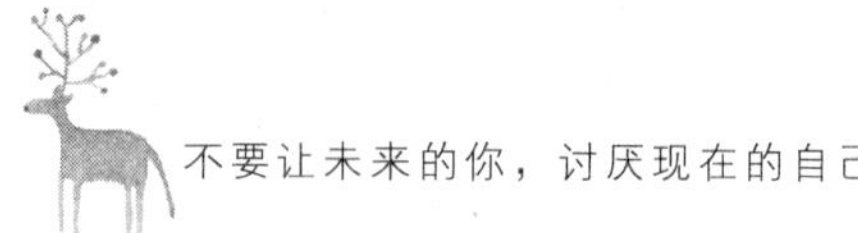

于是，他们五个人撕掉医生的诊断书，扔掉药丸与拐杖，高强度锻炼六个月后，开始了骑摩托环岛旅行。当他们骑到多年前常去的海边，举着妻子与朋友的遗照欢呼时，他们终于获得了命运给予的答案——为梦而活。

后来，这段真实的故事，被搬上了银屏，取名为《梦骑士》，让无论是握着青春尾巴的年轻人，还是身体机能逐渐退化的老年人，皆深受感动。但我想，银屏前的我们更多的是震撼。

我们身边也有老人，他们也曾说过要去实现自己年轻时未实现的梦想，而我们则生怕他们中途发生意外，非但未给予任何支持，反而以千般恐吓与万般阻拦回应。

可是，你我也有老去那一天，那时手掌里的纹路已然不可信，唯有借用手掌里的力量，才得以让人生最后的征程，不至于凉薄至荒芜。

所以，不要阻拦他们。即便死亡，也要死得有意义，有尊严。